Knaur

Von Erich Bauer sind außerdem erschienen:

**Der Mondplaner für Liebe, Gesundheit und Beruf**
**Das astrologische Gesundheitsbuch**
**Die Kraft der Ahnen.** Familienschicksale im Horoskop
**Das Reise-Horoskop.** Mit den Sternen in den Urlaub

*Über den Autor:*

Erich Bauer, geb. 1942, war viele Jahre in therapeutischen Kliniken als Diplompsychologie und Therapeut tätig. Seit 1980 intensive Beschäftigung mit Astrologie. Studium in Indien und den USA, seit dieser Zeit Anwendung der Astrologie gemeinsam mit psychologischen Methoden.
Erich Bauer ist Chefastrologe der weltweit größten Astrologie-Zeitschrift *»Astrowoche«*, bekannt durch regelmäßige astrologische Beiträge in Zeitschriften, Radio und im Fernsehen und Verfasser zahlreicher Veröffentlichungen über Astrologie und verwandte Themen. Seit vielen Jahren betreibt er eine eigene astrologisch-therapeutische Praxis in München und führt Seminare und Einzelsitzungen zum Thema *»Astrologische Familientherapie«* durch.

**Erich Bauer**

# Zwillinge

**21. 5. – 21. 6.**

**Alles über den Zwilling:**

Liebe • Gesundheit • Beruf

Illustrationen von Isabella Roth

Knaur

Besuchen Sie uns im Internet:
www.droemer-knaur.de

Originalausgabe 2001

Redaktion: Ralf Lay
Umschlaggestaltung: Zero Werbeagentur, München
Illustrationen: Isabella Roth, Hamburg
Layout und Satz: Sabine Hüttenkofer, München
Druck und Bindung: Clausen & Bosse, Leck
Printed in Germany
ISBN 3-426-77544-1

*Für Oskar, Sundro, Maha, Monika und Anitra*

*Die Sternzeichen des nördlichen Tierkreises bilden die Grundlage der Astrologie*

# INHALT

# VORWORT

*Astrologie ist eine wunderbare Sache.*
Sie verbindet den Menschen mit dem Himmel, richtet seinen Blick nach oben in die Unendlichkeit. Vielleicht steckt hinter der Beschäftigung mit Astrologie zutiefst die Sehnsucht nach unserem Ursprung, unserem Zuhause, nach Gott – oder wie immer man das Geheimnisvolle, Unbekannte nennen will.

*Astrologie ist uralt und trotzdem hochaktuell.*
Die ersten Zeugnisse einer Sternenkunde liegen Tausende von Jahren zurück. Und dennoch ist sie brandneu. Es scheint, als hätte sie nichts von ihrer Faszination eingebüßt. Natürlich hat sich die Art und Weise astrologischer Beschäftigung verändert. Während früher noch der Astrologe persönlich in den Himmel schaute, studiert er heute seinen Computerbildschirm. Damals konnte man nur von einem Kundigen eingeweiht werden, heute finden sich beinahe in jeder Zeitung astrologische Prognosen.

*Astrologie ist populär.*
Jeder kennt die zwölf Tierkreiszeichen. Man kann eigentlich einen x-beliebigen Menschen auf der Straße ansprechen und ihn nach seiner Meinung befragen: Er weiß fast immer Bescheid, sowohl über sein eigenes Sternzeichen als auch über die meisten anderen. Die zwölf astrologischen Zeichen sind Archetypen, die im Unterbewußtsein ruhen und auf die man jederzeit zurückgreifen kann.

*Astrologie schenkt Sicherheit.*
Der einzelne findet sich eingebettet in einer gütigen und wohlwollenden Matrix, ist aufgehoben, hat seinen Platz, so wie auch alle anderen ihren Platz haben.

*Astrologie kann gefährlich sein.*
Sie kann sowohl den Astrologen wie auch seine Klienten dazu verleiten, sich aus der Wirklichkeit auszublenden. Ersterem scheint sie ein schier perfektes System zu liefern: Konstellationen, die sich auf Bruchteile von Sekunden berechnen lassen, blenden und machen

glauben, man habe es mit einer exakten Wissenschaft zu tun. Genau das ist aber falsch. Die Astrologie ist viel eher eine Kunst oder eine Philosophie als eine Naturwissenschaft. Ihre Vorhersagen sind immer nur ungefähr, zeigen eine Möglichkeit, geben aber keine Garantie. Astrologen wie Ratsuchende driften, wenn sie nicht achtgeben, leicht in eine Pseudowelt ab. In ihr ist zwar alles in sich stimmig, allein es fehlt am validen Bezug zur Wirklichkeit.
Ich bin Astrologe aus Passion. Ich lebe in dieser Welt, aber ich weiß auch, daß sie nicht alles offenbart. Ich freue mich, die Gestirne als Freunde zu haben, und glaube, daß ich so mein Schicksal gütig stimme. Das ist eine Hoffnung, kein Wissen.

*Ist Astrologie dann ein Religionsersatz?*
Vielleicht. Aber genausogut könnte man auch die Religionen als einen Ersatz für Astrologie bezeichnen. Die Sterne waren jedenfalls zuerst da. Ich betrachte die Planeten wie »Götter«. Aber das tue ich nur, um die Würde zum Ausdruck zu bringen, die ihnen meiner Meinung nach zu eigen ist. Ich weiß jedoch auch, daß sie nicht der Weisheit letzter Schluß sind. Dahinter existiert noch etwas Größeres, Mächtigeres, Unfaßbares.
Am meisten begeistert mich, daß mir die Astrologie die Augen geöffnet hat für die Vielfalt des Lebens. Man neigt doch so sehr dazu, die Welt als einen Teil von sich selbst zu erleben, entweder passend oder nicht – richtig oder falsch. Mit Hilfe der Astrologie habe ich erfahren, daß es verschiedene Prinzipien gibt und damit auch ganz verschiedene Menschen.

Ich wünsche Ihnen beim Lesen Spaß, Spannung, etwas Skepsis – und daß Sie sich selbst und andere besser verstehen.

*Erich Bauer im Frühjahr 2001*

## *Eine kurze Geschichte der Astrologie*

Am Anfang jeder Geschichte der Astrologie steht das Bild des nächtlichen, mit Sternen übersäten Himmels. Der Mensch früherer Zeiten hat ihn sicher anders erlebt als wir. Er wußte nichts von Lichtjahren und galaktischen Nebeln. Er erschaute das Firmament eher vergleichbar einem Kind. Und als Kind der Frühzeit sah er sich nicht, wie wir heute, als getrennt von diesem Himmel, sondern als eins mit ihm. Er fand sich in allem und fand alles in sich. Und er folgte dem Rhythmus dieses großen Ganzen, ähnlich wie ein Kind seiner Mutter folgt. Dabei fühlte er sich wohl getragen und geborgen.

Wann die Menschheit anfing, sich aus diesem Gefühl der Allverbundenheit zu lösen, ist schwer zu sagen. Die überlieferten Zeichen sind rar und rätselhaft. Aber als der Homo sapiens begann, die Sterne zu deuten, war er dem großen Ozean seit Äonen entstiegen, er sah sich und den Himmel längst als getrennte Einheiten. Doch kam es irgendwann dazu, daß der Mensch Beziehungen zwischen den Sternbildern und dem Leben auf der Erde wiederentdeckte, deren Kenntnis er eigentlich schon immer besaß. Beispielsweise erlebte er, daß ein Krieg ausbrach, während am Himmel ein Komet auftauchte und die normale Ordnung der Sterne störte. Oder er empfand großes Glück, während sich am Himmel zwei besonders helle Lichter trafen. Er begann solch auffällige Lichter mit Namen zu versehen: »Helios« beispielsweise – oder »Jupiter«, »Mars« oder »Venus«. Er ging sogar dazu über, bestimmte Sterne als Gruppen (Sternbilder) zusammenzufassen und ihnen Namen zu geben, etwa »Widder« oder »Großer Wagen«. Immer wieder beobachtete er typische Gestirnskonstellationen, die parallel zu markanten Ereignissen auf der Erde auftraten. Nach den Gesetzen der Logik entwickelte er aus diesen Zusammenhängen mit der Zeit eine Wissenschaft, die Astrologie, die ihm zum Beispiel die Schlußfolgerung erlaubte, daß auf der Erde Gefahr droht, wenn Mars in das Tierkreiszeichen Skorpion eintritt. So fand der Mensch allmählich seine verlorene Einheit wieder und baute eine Brücke, die ihn mit seinem Urwissen verband, das er im Inneren seiner Seele aber nie wirklich verloren hatte.

## DER URSPRUNG

Die Urheimat der Sternkunde war nach heutigem Erkenntnisstand Mesopotamien, das Land zwischen den Flüssen Euphrat und Tigris, das jetzt Irak heißt. Dort war der menschliche Geist wohl am kühnsten und vollzog als erster endgültig die Trennung zwischen Mensch und Schöpfung. Die Sterne am Himmel bekamen Götternamen, etwa den des Sonnengotts Schamasch und der Göttin Ischtar, die auch als Tochter der Mondgöttin verehrt wurde und die sich als leuchtender Venusstern offenbarte. Da der Mond, die Sonne und einige andere Lichter im Vergleich zu den Fixsternen scheinbar wanderten, nannte man diese Planeten »umherirrende« oder »wilde Schafe« und unterschied sie von den »festgebundenen« oder »zahmen Schafen« – den Fixsternen, die vom Sternbild Orion, dem »guten Hirten«, bewacht wurden. Der größte Planet des Sonnensystems, mit heutigem Namen »Jupiter«, war im Land zwischen den zwei Strömen ein Sinnbild des Schöpfergottes Marduk. Sein Sohn und Begleiter hieß »Nabu« und wurde später zu »Merkur«. Das rötlich funkelnde Gestirn Mars wiederum war die Heimat des Herrn der Waffen, der genauso als Rachegott angesehen wurde. Saturn war ebenfalls bereits entdeckt worden und wurde als eine »müde Sonne« betrachtet. Außerdem galt er als Gott der Gerechtigkeit, Ordnung und Beständigkeit. Gemeinsam mit anderen Göttern erhob sich schließlich der Rat der zwölf Gottheiten, und damit hatten auch die zwölf verschiedenen astrologischen Prinzipien ihren Auftritt. Zu all diesen Erkenntnissen kam man im Zweistromland etwa zwischen dem 7. und 4. vorchristlichen Jahrhundert.
Man hat Tafeln aus dem 2. Jahrhundert vor Christus gefunden, auf denen Beobachtungen über den Lauf von Sonne, Mars und Venus eingezeichnet waren. Auch Zeugnisse von ersten Geburtshoroskopen stammen aus dieser Zeit. Im Jahr 1847 wurden bei den Ruinen von Ninive 25 000 Tontafeln ausgegraben. Man datierte sie ins Jahr 600 vor Christus. Auf einem Teil dieser Tafeln befinden sich Weissagungen, die, mit etwas Zeitgeist aufgefrischt, ohne weiteres der astrologischen Seite einer modernen Tageszeitung entstammen könnten: »Wenn Venus mit ihrem Feuerlicht die Braut des Skorpions beleuchtet, dessen Schwanz dunkel ist und dessen Hörner hell leuchten, so wird Regen und Hochflut das Land verwüsten.«
Das ist eine »professionelle« astrologische Vorhersage. Damit war Spezialistentum an die Stelle einer ganzheitlichen Naturerfahrung getre-

ten. Denn inzwischen hatte nur der fachkundige Astrologe die Zeit und das Wissen, den Himmel zu studieren, um daraus Rückschlüsse auf die Ereignisse im Weltgeschehen zu ziehen. Bald mußte dieser Fachmann auch nicht einmal mehr den Himmel selbst beobachten. Spätestens im 1. Jahrhundert vor Christus gab es Ephemeriden. Das sind Bücher, aus denen die Stellung der Gestirne zu jeder beliebigen Zeit herausgelesen werden kann. Die Astrologie, wie sie auch heute noch betrieben wird, war damit endgültig geboren.

## DIE BLÜTE

In den nun folgenden anderthalbtausend Jahren erlebte die Astrologie eine Blütezeit kolossalen Ausmaßes. Dafür steht ein so bedeutender Name wie Claudius Ptolemäus. Er lebte im 2. Jahrhundert nach Christus und vertrat das geozentrische Weltbild mit der Erde im Mittelpunkt, auf das sich die Menschheit nach ihm noch länger als ein Jahrtausend beziehen sollte. Er war Geograph, Mathematiker und ein berühmter Astrologe und Astronom, der das bis in unsere Zeit fast unveränderte Regelwerk der Astrologie, den *Tetrabiblos*, welcher aus vier Büchern besteht, verfaßte. Darin riet er zu einer sorgfältigen Gesamtschau des Geburtshoroskops. Er erwähnte auch, daß man bei der Beurteilung eines Menschen ebenso dessen Milieu und Erziehung berücksichtigen solle, was einer modernen ganzheitlichen psychologischen Betrachtungsweise entspricht.
Eine spätere Berühmheit in der Geschichte der Astrologie war Philippus Theophrastus Bombastus von Hohenheim (1493–1541), der sich selbst stolz Paracelsus nannte. Er war Arzt, Alchimist sowie Philosoph, und von ihm stammt jener von Astrologen so oft zitierte Satz: »Ein guter Arzt muß immer auch ein guter Astronomus sein.« Dazwischen lebte der Bischof Isidor von Sevilla (560–636). Er schrieb, ein Arzt solle immer auch sternkundig sein. Erwähnt werden muß natürlich die berühmte weibliche Vertreterin einer sternenkundigen Heilkunst Hildegard von Bingen (1098–1179). Sie war fasziniert von den Analogien zwischen Himmel und Erde, sammelte Kräuter, pflanzte sie im Klostergarten an und schrieb über die Wirkung der Mondphasen. Natürlich war die heilige Hildegard nicht der einzige weibliche astrologisch denkende Mensch. Aber ihr Name sei hier stellvertretend genannt für

all die Frauen, die als Tempelpriesterinnen, Nonnen und angebliche Hexen ihr ganzheitliches Wissen über die Jahrhunderte hinweg weitergegeben haben.

Bis ins 16. Jahrhundert dauerte die Hoch-Zeit der Astrologie. Beinahe alle angesehenen Denker – wie Platon und Aristoteles im Altertum, Naturwissenschaftler wie Nikolaus Kopernikus (1473–1543), Johannes Kepler (1571–1630) und Galileo Galilei (1564–1624) – dachten astrologisch und berechneten auch Horoskope. Am bekanntesten ist das von Kepler angefertigte Horoskop Wallensteins aus dem Jahr 1608. Die Astrologie wurde an den Universitäten gelehrt, und auch viele Bischöfe und einige Päpste förderten die Sternkunde. Wie es heute selbstverständlich ist, daß ein Naturwissenschaftler Einsteins Relativitätstheorie kennt und versteht, so war damals jeder denkende Kopf in der Astrologie bewandert.

## DER NIEDERGANG

Bereits Ende des 16. Jahrhunderts hatte die Astrologie ihren guten Ruf in vielen Ländern Europas verloren. Es gab päpstliche Anordnungen wie die Bulle »Constitutio coeli et terrae« von 1586, in der ein Verbot der Astrologie ausgesprochen wurde, und die meisten Universitäten schafften ihren Lehrstuhl für Astrologie ab.

Worauf war dieser rapide Niedergang zurückzuführen? Es gibt sicher zahlreiche Gründe. Der wichtigste ist, daß sich der menschliche Geist von den Fesseln tradierter Vorstellungen zu befreien begann. Er löste sich mit der Reformation von Rom und später mit der Französischen Revolution von seinen königlichen und kaiserlichen »Göttern«. Da war es nur konsequent, sich auch von den »Göttern am Himmel« loszusagen. Der zweite Grund war der, daß sich im Lauf der Zeit grobe Fehler astrologischer Vorhersagen herumsprachen. So hatte es wohl keine Prophezeiung gegeben, die den Dreißigährigen Krieg oder die Pest rechtzeitig in den Sternen sah. Der dritte Grund wird häufig von den professionellen Astrologen angeführt. Sie behaupten, daß die falschen Propheten, also die unseriösen Astrologen, der wahrhaften Sterndeutekunst das Aus bescherten. Eine Kunst wie die Astrologie lockt natürlich auch faustische Gestalten an, die davon besessen sind, dem Schicksal einen Schritt voraus zu sein. Solche Schwarmgeister

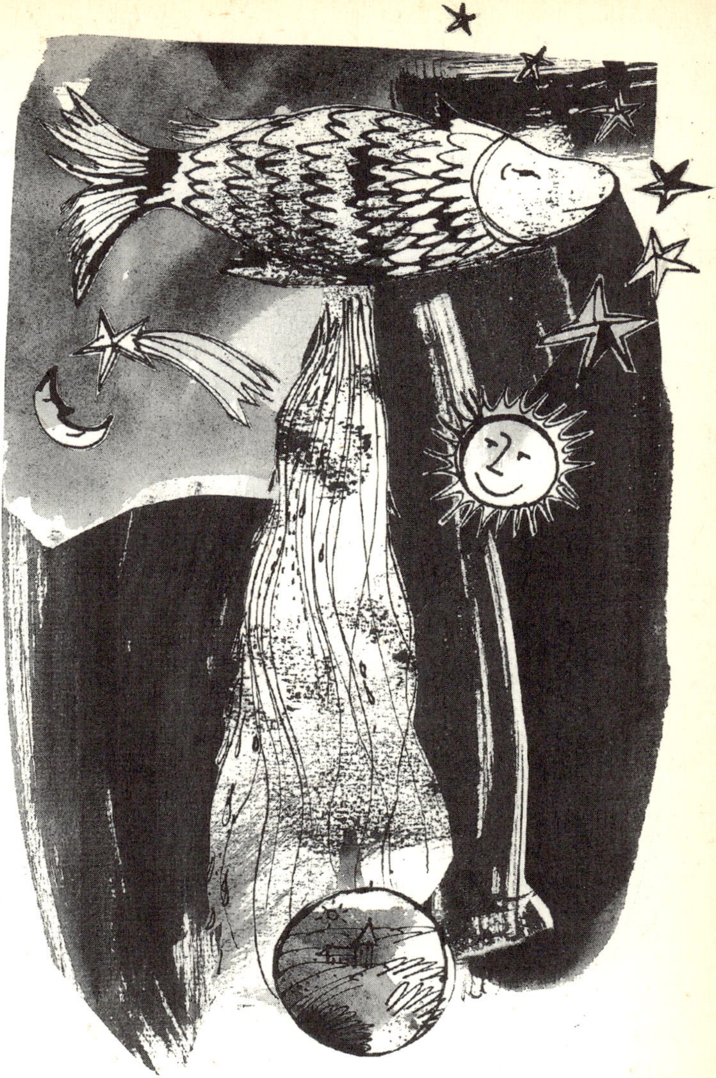

*Die 1524 prophezeite Sintflut aufgrund einer Planetenballung im Fischezeichen fand nicht statt*

und falsche Propheten haben der Astrologie bestimmt geschadet, besonders auch, weil durch die Erfindung der Buchdruckerkunst jede selbst noch so törichte Prophezeiung in einer hohen Auflage verbreitet werden konnte. Aber den guten Ruf der Astrologie haben letztlich auch sie nicht ruiniert.

Nein, es waren die Astrologen selbst. Als im 16. und 17. Jahrhundert durch immer neue Entdeckungen die Erde ihre zentrale Stellung verlor und sich ein völlig neues naturwissenschaftliches Verständnis durchsetzte, versuchte die Astrologie mitzuhalten und verlor wegen ihrer unhaltbaren Thesen jeden Kredit in den gelehrten Kreisen. Schon Kepler, der seiner Zeit um Jahrzehnte voraus war, hatte die Astrologen gewarnt und ihnen geraten, ihre Kunst nicht auf einen naturwissenschaftlichen, sondern auf einen philosophischen Boden zu stellen. Er sagte, es sei unmöglich, zu denken, daß die Sterne mittels irgendwelcher Strahlungen die menschliche Seele berühren könnten. Er sprach in diesem Zusammenhang von einem astrologischen Instinkt, der im menschlichen Geist verankert sei. Aber sein »psychologischer Ansatz« wurde überhört und ging schließlich völlig unter. Die Astrologen sahen sich im Gegenteil dazu veranlaßt, immer hanebüchenere »wissenschaftliche« Thesen aufzustellen. Die Folge war ein gewaltiges Gelächter der gesamten gelehrten Welt im 17. Jahrhundert, das bis heute noch nicht verklungen ist.

## DER NEUBEGINN

Erst im 19. und dann besonders im 20. Jahrhundert besann sich der Mensch wieder vermehrt seiner fernen Vergangenheit. Der Schweizer Psychoanalytiker C. G. Jung etwa sagte, daß die Astrologen endlich darangehen müßten, ihre Projektionen, die sie vor Jahrtausenden an den Himmel geworfen hätten, wieder auf die Erde zurückzuholen. In jeder menschlichen Seele seien die Kräfte der astrologischen Archetypen, der archaischen Urbilder, enthalten und dort wirksam. So wird der Raum am Himmel mit den Zeichen und Planeten zu einer Landkarte menschlicher Anschauung. Dabei ist es nicht so, daß zum Beispiel der Planet Mars die Geschicke *bestimmt*, sondern er *zeigt* durch seine Position den Gesetzen der Analogie folgend *auf*, was in der menschlichen Seele vor sich geht.

Nach seiner jahrtausendelangen Reise heraus aus der Allverbundenheit hat der Mensch also begonnen, den Bezug zu seinen Ursprüngen wiederherzustellen. Er besinnt sich als kritischer und freier Geist darauf, was schon immer in ihm vorhanden war. Damit beginnt die Ära einer psychologischen oder philosophischen Astrologie. Und das ist auch die Geburtsstunde einer Astrologie, die ganzheitlich denkt und arbeitet.

In etwa parallel zu dieser allmählichen Hinwendung zur Psychologie und Philosophie übernahmen Computer mit entsprechender Software den komplexen Rechenvorgang zur Erstellung eines Geburtshoroskops. Bis vor vielleicht zehn, zwanzig Jahren gehörte es zum Standardkönnen eines jeden Astrologen, Horoskope zu berechnen und zu zeichnen. Dies ist sehr wahrscheinlich einer der Gründe, warum Frauen unter den Sterndeutern damals deutlich in der Minderzahl waren. Es ist einfach nicht ihr Metier, sich mit trockenen Zahlen und komplizierten Berechnungen herumzuschlagen, wo es doch um seelische Vorgänge geht – und diese Feststellung ist in keiner Weise abwertend gemeint, denn heute sind Frauen unter den Astrologen bei weitem in der Überzahl.

Der PC spuckt nach Eingabe von Name, Geburtsdatum, -ort und -zeit in Sekundenschnelle das Horoskop aus. Die astrologische Kunst scheint jetzt »nur« noch darin zu bestehen, die Konstellationen richtig zu deuten. Und auch hier ersetzt der Computer mehr und mehr den Astrologen. Es gibt schon seit einigen Jahren Programme, die mit entsprechenden Textbausteinen zu bemerkenswert treffenden Aussagen kommen. Ist dies nun das Ende der Sterndeuter? Ich meine: im Gegenteil! Überlassen wir dem »Computer-Astrologen« ruhig die Grundarbeit. Das spart Zeit. Dafür kann der »Mensch-Astrologe« die einzelnen Fakten im Sinne einer ganzheitlichen Schau zusammentragen und sich völlig dem Verständnis der einmaligen, individuellen Persönlichkeit widmen. Ebendafür ist ein großes Maß an Intuition, die ja gerade eine weibliche Stärke ist, mit Sicherheit von Vorteil.

# *Teil I* DAS TIERKREISZEICHEN

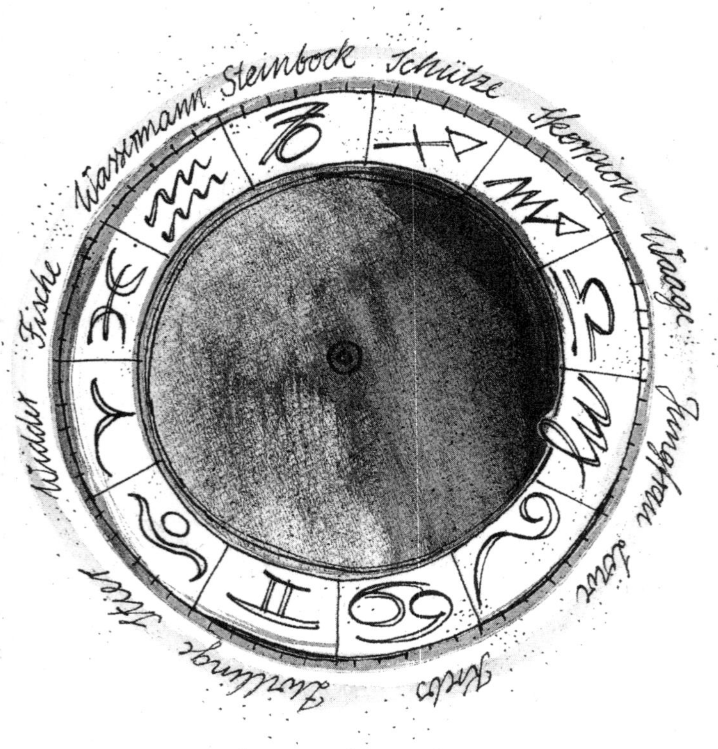


*Der astrologische Tierkreis besteht aus zwölf Tierkreiszeichen*

## WAS IST EIGENTLICH EIN TIERKREISZEICHEN?

Die Erde dreht sich bekanntlich einmal im Jahr um die Sonne. Von uns aus gesehen, scheint es aber so zu sein, daß die Sonne eine kreisförmige Bahn um die Erde beschreibt. Der Astrologie wird vielfach vorgeworfen, sie ignoriere diesen grundlegenden Unterschied. In Wirklichkeit ist er für die astrologischen Berechnungen und Horoskopdeutungen jedoch nicht von Bedeutung.

Diesen in den Himmel projizierten Kreis nennt man »Ekliptik«. Die Ekliptik wird in zwölf gleich große Abschnitte gegliedert, denen die Namen der zwölf Tierkreiszeichen zugeordnet sind. Zwischen dem 21. Mai und dem 21. Juni durchläuft die Sonne gerade den Abschnitt Zwillinge, weswegen dieses Tierkreiszeichen auch Ihr »Sonnenzeichen« genannt wird.

Jedes Tierkreiszeichen symbolisiert bestimmte Charaktereigenschaften und Verhaltensweisen, die mehr oder weniger typisch für die in dem betreffendem Zeitraum geborenen Menschen sind. Wie schon im Vorwort angedeutet wurde, handelt es sich bei diesen Archetypen allerdings nur um *einen* Aspekt der Persönlichkeit, der durch die Aussagen ergänzt bzw. beeinflußt wird, die sich von dem individuellen Aszendenten und der Tierkreiszeichen-Stellung der anderen Planeten zum Zeitpunkt der Geburt herleiten (dazu später mehr). Für ein wirklich aussagekräftiges Horoskop müssen Sie also auch die übrigen Konstellationen berücksichtigen und sie zu Ihrem Sonnenzeichen in Beziehung setzen.

Ebenso wie der Kreislauf des Jahres wird die Bahn, welche die Sonne an einem Tag scheinbar um die Erde zurücklegt, in zwölf Abschnitte gegliedert. So können etwa Ihr Aszendent und damit der Anfang des ersten Hauses sowie die Mondposition gefunden werden.

In diesem Buch werden nicht alle, aber die wichtigsten Horoskopfaktoren sowie ihre Ermittlung und Bedeutung besprochen. Wenn Sie darüber hinausgehende Informationen wünschen, finden Sie eine Fülle spezieller Fachliteratur dazu. Die genauen Gestirnspositionen zum Zeitpunkt Ihrer Geburt können Sie zum Beispiel den vom Computer errechneten Horoskopzeichnungen entnehmen, die inzwischen von vielen Anbietern verschickt werden (siehe auch die Info am Ende des Buches).

Doch beginnen wir jetzt mit der Betrachtung Ihres Sonnenzeichens, um zunächst einmal herauszufinden, was denn nun »typisch Zwillinge« ist.

## *Tierkreiszeichen Zwillinge* – DER HINTERGRUND

Haben Sie sich schon einmal gefragt, warum Sie »Zwillinge« und nicht »Zwilling« heißen, also in der Mehrzahl angesprochen werden? Das ist nämlich kein Zufall. Die Astrologie bedient sich vielmehr einer sinnbildlichen Sprache. Sie versucht bereits mit der Wortwahl etwas vom Charakter und vom Inhalt dessen wiederzugeben, was der Begriff beschreiben soll. Außer dem Ihren existiert nur noch ein weiteres Tierkreiszeichen, das wie die Zwillinge als Pluralwort verwendet wird, nämlich die Fische. Die übrigen zehn Zeichen werden ganz normal in der Einzahl benannt. Es heißt *der* Widder, *der* Stier usw.
Was hat es wohl für eine Bewandtnis, daß man gerade Sie in der Mehrzahl anspricht? Dazu möchte ich Ihnen eine Geschichte aus der griechischen Mythologie erzählen.

## DIE DIOSKUREN

Jupiter oder Zeus, wie die Griechen ihn nannten, war der oberste Gott auf dem Olymp. Er regierte streng und weise. Er hatte zuvor seinen Vater Saturnus bzw. Kronos entthront (siehe auch den Anfang des Kapitels »Das Jupiterhoroskop ...«). Seine Schwester und zugleich Gattin war Hera, eine resolute, aber – wie es im Mythos immer wieder heißt – wenig reizvolle und liebenswürdige Frau. Das war sicher mit ein Grund dafür, daß es Zeus stets nach anderen Frauen gelüstete. Bemerkenswerterweise zog es ihn aber nicht nur zu seinesgleichen, also zu den schönen Göttinnen, die es ja zuhauf auf dem Olymp gab, sondern er bevorzugte sterbliche Schönheiten. Umgekehrt wurde Zeus bzw. Jupiter zu einem Inbegriff der Liebe für sämtliche Frauen auf der Erde: Sie sehnten sich nach der Begegnung mit diesem Gott, von dem man sagte, er stelle alle irdischen Männer weit in den Schatten.
Natürlich steckt hinter dieser Begegnung zwischen der Welt der Götter und der Welt der Sterblichen ein Gleichnis. Es ist ein Symbol für die Sehnsucht des Menschen, in diesem Fall der Frau, nach der Begegnung mit einem »göttlichen Mann«. Letztendlich ist auch der christliche Marienkult eine Vermählung des Irdischen mit dem Göttlichen.
Jetzt aber wieder zurück zu Zeus und seiner Beziehung zu den Zwillingen: Der oberste Gott hatte ein Verhältnis mit Leda, der Gattin des Königs Tyndareos von Sparta, die seine Gelüste geweckt hatte. Der Götterfürst wählte einen wirklich raffinierten Weg, um sich der verheirateten und ihrem Manne ergebenen Leda zu nähern und hingeben zu können: Er verwandelte sich in einen Schwan. Arglos nahm Leda das Tier bei sich auf, nährte und liebkoste es, und als die Nacht kam, erschien es ihr eher wie ein Traum, daß sie sich mit dem Götterfürsten in Liebe vereinigte. Kaum war die Liebesnacht vorbei, hatte Leda auch mit ihrem Gatten sexuellen Verkehr. Daher gebar sie neun Monate später zwei Söhne. Der eine, Pollux bzw. Polydeukes, stammte von Zeus und war deshalb unsterblich. Der andere, Castor, hatte einen menschlichen Vater, nämlich besagten Tyndareos, und war somit wie alles Irdische zur Sterblichkeit verdammt. Castor und Pollux, auch die »Dioskuren« (»Söhne des Zeus«) genannt, wurden zwei unzertrennliche Brüder, die im Leben viele Kämpfe gemeinsam überstanden. Als Castor schließlich eines Tages umkam, war Pollux, der Unsterbliche, so verzweifelt, daß er sich entschloß, lieber seine Unsterblichkeit zu

opfern, um seinem Bruder in die Unterwelt, den Orkus, folgen zu können, als ewig getrennt von ihm im Götterhimmel zu verweilen. Diese große Geschwisterliebe berührte die Götter, und sie suchten nach einer Möglichkeit, die beiden Brüder wieder zu vereinen, ohne daß der eine, der Göttliche, der nun einmal zu ihnen auf den Olymp gehörte, immer in der Unterwelt verweilen mußte. Wegen der engen Verbundenheit der Zwillinge erlaubte Zeus es schließlich, daß die beiden zusammenbleiben durften, und zwar je einen Tag auf dem Olymp und einen im Orkus. Aber auch dadurch, daß die Zwillinge ein Tierkreiszeichen und ein Sternbild wurden, ist ihnen ein gebührender Platz am Himmel zuteil geworden.

## ZWEI SEELEN WOHNEN, ACH, IN IHRER BRUST!

Vor dem Hintergrund dieser Geschichte muß man die Bedeutung der Mehrzahl »Zwillinge« verstehen, nämlich daß es sich hier um das Bild von zwei Personen in einer einzigen handelt! Wenn Sie ein Zwillingegeborener sind, repräsentieren Sie in besonderem Maße die Dualität von irdischer bzw. sterblicher und spiritueller bzw. göttlicher Identität. Diese Zweiheit besagt jedoch auch, daß Sie zuweilen in der »Unterwelt« leben und dort all die Traurigkeit, Verlorenheit und nicht enden wollende Pein des Daseins kosten müssen, Sie aber zu anderen Zeiten »zur Gemeinschaft der Götter« gehören und sich sozusagen »im Himmel« befinden. Natürlich ist das alles metaphorisch, das heißt bildhaft, gemeint. Übertragen bedeutet es, daß Zwillinge zwischen Extremen hin und her pendeln, daß sie heute himmelhoch jauchzend und morgen zu Tode betrübt sind. Daß sie zuweilen auf einer rosaroten Wolke schweben und dann wieder wie unter Zentnerlasten begraben sind. Sie verkörpern einen einzigen Widerspruch und sind damit der lebendige Beweis für die Polarität allen Lebens.
Können Sie Ihre Doppelnatur akzeptieren? In meiner langjährigen Praxis als Psychotherapeut und Astrologe habe ich immer wieder festgestellt, daß Zwillinge versuchen, ihre Doppelnatur zu verleugnen oder wenigstens zu verheimlichen. Sie neigen dazu, nur eine Seite ihrer selbst anzunehmen, und in der Regel ist dies die freundliche, die positive, diejenige eben, die sie dem Himmel näher bringt. Natürlich schlägt trotzdem der andere Part immer wieder durch, der dunkle,

*Merkur, der Götterbote, ist der herrschende Planet der Zwillinge-geborenen*

deprimierte, frustrierte. Ist dies der Fall, ziehen sich Zwillinge von der Welt zurück, vergraben sich und lassen niemanden an ihrer Schattenwelt teilhaben.
Und genau das ist falsch. Wenn Sie nämlich Ihre dunkle Seite nicht genauso annehmen wie Ihre helle, bekommt die dunkle mit der Zeit das Übergewicht. Denn jede Ignoranz und Verdrängung hat folgende Konsequenz: Was immer zu uns Menschen gehört und nicht genauso geschätzt, geachtet und geliebt wird wie alles andere, wird, wenn wir es in einen Schattenbereich abschieben, allmählich größer, zum Monster, und es drängt sich über Umwege wieder in unser Leben, um schließlich mit noch größerer Vehemenz zuzuschlagen. Es wählt den Körper und die Seele des Menschen als Schauplatz, und so wird in Krankheitssymptomen der verschiedensten Art deutlich, daß tief in unserem Inneren etwas nicht stimmt, das heißt aus dem Gleichgewicht geraten ist.
Manchmal bedient sich unsere Seele aber auch eines anderen Menschen, um diese zweite, ungeliebte Seite in unser Bewußtsein zu bringen: Wir begegnen Personen, denen wir nicht ohne weiteres ausweichen können und die uns genau diesen ungelebten Teil unserer selbst vor Augen halten. Besonders Partnerschaften und Ehen sind eine geeignete Bühne, um das Spiel zwischen geliebten und ungeliebten Anteilen zu realisieren: Der fröhliche, positive Zwillingemann verliebt sich in eine Frau, die zunächst wie er fröhlich und der Welt gegenüber aufgeschlossen ist, stellt aber mit der Zeit fest, daß die Dame seines Herzens immer zurückgezogener und depressiver wird. Oder die lebensbejahende Zwillingefrau verliebt sich, heiratet einen Mann, der zunächst all das hat, was sie sich von einem Partner wünscht, der wie sie lebensbejahend, optimistisch, aufgeschlossen, fröhlich und unterhaltend ist – mit der Zeit stellt sie aber fest, daß ihr so sehr geliebter Mann immer mürrischer, verschlossener und abweisender wird. Ich habe es sogar schon erlebt, daß sich der ungeliebte eigene Teil auf tragische Weise über ein Unglück des Partners manifestiert. Ich denke dabei an eine Zwillingefrau, deren Mann nach einem Unfall sein Gedächtnis verlor und zum Pflegefall wurde.
Es ist auch gut möglich, daß sich der ungeliebte Persönlichkeitsanteil in den eigenen Kindern manifestiert. So sind mir etwa mehrere Familien bekannt, in denen die Nachkommen von einer Zwillingemutter, einem Zwillingevater und in einem Fall sogar von Zwillingeeltern den verdrängten Teil des Naturells auf sich genommen hatten und zum

Beispiel drogenabhängig wurden. Die Vertreter dieses Tierkreiszeichens müssen sich stets vor Augen halten, daß sie eine ausgeprägte Doppelnatur haben, daß sie das eine wie das andere in ihr Leben integrieren müssen, es begrüßen und achten sollen. Es scheint, daß in permanenter gegenseitiger Abhängigkeit die »Hölle« der Preis für den »Himmel« in ihrem Leben ist oder – andersherum gesagt – der »Himmel« der Lohn für die Dramen der »Unterwelt«.
Noch etwas scheint für viele Zwillinge die Lösung zu sein, sich aus dieser extremen Polarität zu befreien: Sie wählen den Mittelweg. Ich kenne nicht wenige Vertreter dieses Tierkreiszeichens, die brav und bieder geworden sind und sich zwischen ihren Extremwelten bewegen. Ihre dunkle Seite hat sich dadurch etwas erhellt, ihr Leben ist weniger dramatisch, weniger frustrierend. Aber auch ihr heller, strahlender und schöpferischer Part hat an Farbe verloren. Zwillinge, die sich ihrer Doppelnatur stellen, sind hingegen widersprüchlich und extrem. Ihr Dasein hat etwas Barockes, sie sind einerseits lebensbejahend, andererseits befinden sie sich wie am Abgrund. *Carpe diem!* (»Nütze den Tag!«) schreiben sie sich aufs Banner, aber genauso *Memento mori!* (»Bedenke, daß du sterblich bist!«) Manchmal schaukeln sie diese Wellen und Extreme derartig hoch, daß sie daran zerbrechen. Beispiele sind die Zwillinge Marquis de Sade, Marilyn Monroe, Dean Martin und Rainer Werner Fassbinder. Eine lebende Zwillingepersönlichkeit, die uns die zwei Seiten ihrer Existenz immer wieder erneut und auf tragische wie komische Weise zugleich vor Augen hält, ist Harald Juhnke. Wie häufig hat er der Nation bereits versprochen, keinen Alkohol mehr zu sich zu nehmen? Und wie oft hat man ihn dabei ertappt, daß er wieder völlig dem Suff verfallen war? Selbst der Zwillingeliebling der Nation, Steffi Graf, kommt an derlei Widersprüchlichem nicht vorbei. Oder ist es etwa nicht irgendwie paradox, daß sie bei den U. S. Open im Finale steht (und gewinnt), während der Vater wegen Steuerhinterziehung vor den Kadi muß – und alle Welt dies auch weiß?
Um Mißverständnissen vorzubeugen: In gar keiner Weise möchte ich mit diesen Beispielen sagen, daß Zwillinge vom Leben gebeutelt und zwischen Extremen zerrieben werden. Ganz im Gegenteil: Zwillinge sind in der Regel fröhliche Geschöpfe, unterhaltsam, kommunikativ, extrovertiert, aktiv und dynamisch. Ihr kosmischer Regent heißt »Merkur«, das ist der Götterbote. Die griechische Mythologie ist voll amüsanter Geschichten über ihn. Er war schlau, musisch talentiert, und er nahm es wohl auch mit der Wahrheit nicht immer so genau. Entspre-

*Schon ein Zwillingegeborener »sind« viele Zwillingegeborene*

chend erhob man ihn zum Gott der Bänkelsänger und Barden, der Diebe und Kaufleute. Seine Fröhlichkeit machte ihn zum Schutzpatron all derjenigen, die auf heiteren Wegen wandeln. Und infolge seiner Lust am Reden und seinem Talent, sich allemal in ein günstiges Licht zu setzen, wurde er der göttliche Freund all derer, die viel sprechen, schreiben und auf der Bühne stehen: Dichter, Sänger, Schauspieler, Politiker, Talkmaster, Ansager, Komiker, Artisten oder Musiker. Berühmte Beispiele waren und sind der Jazzmusiker Cole Porter, der Beatle Paul McCartney, der Musiker Bob Dylan, der Sänger Pat Boone, der Rockmusiker Prince, die Schauspielerin Brooke Shields, der Filmheld John Wayne, der Kabarettist Dieter Hildebrandt sowie die Sängerin und Tänzerin Josephine Baker.

Wenn Ihre Sonne in den Zwillingen steht, ist in Ihrer Persönlichkeit eben noch ein Bruder bzw. eine Schwester integriert, diese sind aber von einem ganz anderen Kaliber als Ihr fröhlicher Merkur, nämlich ernst, tiefschürfend, nachdenklich und in sich gekehrt. Der größte Fehler, den man machen kann, wäre es, wenn man diesen Teil des eigenen Ichs einfach ignorierte oder verdrängte. Es ist vielmehr notwendig, ihn zu akzeptieren und in sein Leben einzubeziehen, denn nur so kann man das volle Potential seiner Persönlichkeit zum eigenen inneren Wachstum nutzen.

Ich kenne eine Zwillingefrau, die mich seit Jahren im Januar anruft: »Herr Bauer, wird es denn dieses Jahr den Zwillingen endlich einmal *nur* gutgehen?« Ich weiß, daß diese Frau große Probleme hat. Ihr Sohn ist drogenabhängig, ihr Mann trinkt. Aber sie behauptet immer, daß es ihr, wären diese Umstände nicht, eigentlich besserginge. Sie will offenbar einfach nicht verstehen, daß die dunklen Seiten ihrer eigenen Person sich auf der Bühne ihres Lebens in den Personen des Ehemanns und des Sohnes symbolhaft widerspiegeln. Erst wenn sie diese Lernaufgabe erkennt und entsprechend an sich arbeitet, wird sie sich selbst weiterentwickeln und sich sehr wahrscheinlich auch einer Lösung für ihre familiären Probleme nähern.

Das Leben ist ein Auf und Ab! Hinter dieser Binsenweisheit steckt die Erkenntnis, daß wir erst im Unterschied wirkliche Gegenwart erfahren: Ohne Helles gibt es nichts Dunkles, ohne Kälte keine Wärme usw... Selbst Schönheit und Liebe entwickelten sich mit der Zeit wohl zu einer schalen Angelegenheit, würde man ihr Gegenteil nicht kennen. Das Leben ist polar. Vielleicht ist die Erkenntnis dieses Umstands eine der Hauptaufgaben, die Sie in Ihrem Leben bewältigen sollen: daß nichts ohne sein Gegenteil existiert, daß das Leben ein Tanz ist, eine Melodie, die von den höchsten Tönen bis zu den tiefsten schwingt.

Ich habe von Zwillingegeborenen, die ich in meinen Therapien oder Seminaren näher kennenlernte, immer wieder erfahren, daß es eine Hilfe sein kann, wenn sich diese Menschen daran erinnern, daß sie Zwilling*e* sind, also »zweifach existieren«. »Wenn es mir sehr gut geht«, sagte mir zum Beispiel eine Zwillingefrau, »dann denke ich dennoch an die andere Seite. Ich lasse mir deswegen meine Freude nicht nehmen, aber ich weiß einfach, daß auch die andere Seite existiert. Genauso nehme ich meinen fröhlichen, meinen göttlichen Part mit hinüber in die ›Unterwelt‹. Dann kann es mir, auch wenn ich noch so frustriert oder deprimiert bin, nie wirklich schlechtgehen!«

## *Liebe, Sex* UND PARTNERSCHAFT

Liebe ist für Zwillinge ein Spiel. Je nachdem, ob sie männlich oder weiblich sind, versuchen sie dabei, ihren Zwillingsbruder bzw. ihre Zwillingsschwester zu finden – damit ihre Seele wieder eins wird mit Hilfe des »anderen Teils«. Wenn Sie im Tierkreiszeichen der Zwillinge geboren sind und einer seiner typischen Vertreter sind, erfolgt die Partnersuche bei Ihnen sehr rasch, denn im Grunde könnte jeder Mensch Ihr Bruder bzw. Ihre Schwester sein. Ich glaube sogar, daß unter allen Tierkreiszeichen bei Ihnen die Partnerwahl am schnellsten erfolgt. Nach dem – wohl meist unbewußten – Muster »Ich kenne dich ja schon seit immer, du bist doch mein anderer Teil!« können sich Zwillinge buchstäblich innerhalb von Sekunden unsterblich verlieben – oder, vorsichtshalber hinzugefügt, was Zwillinge so unter »unsterblich« verstehen ... Zwillingsliebe hat nämlich etwas von dem unverbindlichen Gehabe auf Partys oder Festen: Man trifft sich, man findet sich interessant und geht zum Schluß miteinander ins Bett.
Die sechziger Jahre waren genau im Stil der Vorstellung von Zwillingen. Im Rahmen der sogenannten sexuellen Revolution war es gang und gäbe, mit jedem Menschen, der einem einigermaßen sympathisch war, die Nacht zu verbringen. Eine Zwillingsliebe ist dem Anspruch nach immer unkompliziert, leicht und unbeschwert. Als sicher extremes Beispiel möchte ich eine meiner Klientinnen erwähnen, die in meine Praxis kam und im Lauf der Beratung gestand, daß sie *sechzehnmal* abgetrieben hatte: »Ich weiß nicht, warum ich so fruchtbar bin! Manchmal habe ich verhütet, manchmal der Mann, manchmal hat es bei mir nicht funktioniert, oder ich habe die Pille mal vergessen, oder das Kondom taugte nichts ...« Die sechzehn Abtreibungen beschäftigten sie darüber hinaus kaum. Sie lebte in der Vorstellungswelt, die man als typisch für die Menschen der Sechziger-Jahre-Generation betrachtet: Man verliebt sich, man heiratet, man trennt sich wieder – das Leben ist ein Spiel, und wer es sich kompliziert macht, ist selber schuld. Hollywood – zumindest, wenn man an seine leichten, unterhaltsamen Spielfilme denkt – greift sehr häufig diese Zwillingsliebe auf. Denken Sie nur an Filme wie »Pretty Woman« oder »Flashdance«. Warum gerade die Unterhaltungsbranche immer wieder auf Zwillingsliebe zurückgreift, hat damit zu tun, daß die gesamte Film-

industrie in besonderer Weise ein Kind der Zwillingsenergie ist. Zwillinge halten letztendlich das Leben für ein Theater, für einen Liebesfilm, eine Komödie, einen göttlichen Witz – und sich selbst für die ko(s)mische Pointe.
Aber wie bereits ausgeführt wurde, kann diese Seite nur die eine Hälfte der Wahrheit sein. Hollywood ist beinahe zu so etwas wie einem modernen Olymp geworden, auf dem sich die Filmgötter in ihrem eigenen Glanz sonnen. Demgegenüber gleicht sein anderer Teil mit seinen Dramen und Intrigen am gleichen Schauplatz buchstäblich der Hölle, wie etwa die Tragik im Leben Marilyn Monroes zeigt.
Die unbeschwerte, charmante, unkomplizierte Liebe der Zwillinge kennt noch eine ganz andere Seite: Zwillinge sind nämlich genauso schüchtern und ängstlich, wie sie frivol und selbstsicher sind. Sie haben ebenso Angst vor tiefen Gefühlen, wie sie leicht damit spielen. Und sie leiden genauso unter Trennungen, wie sie damit leichtfertig umgehen. So verbarg auch die obenerwähnte Zwillingefrau mit ihren sechzehn Abtreibungen in ihrer Psyche eine Traurigkeit, die gleich einem tiefen See an Tränen aus ihr hervorbrach, als wir nach vielen Sitzungen daran rührten.
Typische Zwillinge sind unterhaltsame Liebhaber. Ganz nach ihrem Motto, daß das Leben eine große Show ist, betrachten sie den Menschen, den sie lieben – und erst recht den Mann bzw. die Frau, in die sie sich gerade verliebt haben –, entweder als Mitspieler bei ihrem großen Auftritt oder als Zuschauer. Im ersten Fall kann in der gemeinsam verbrachten Zeit alles geschehen, was menschliche Phantasie nur zu erfinden vermag: »Spielen wir das Verführungsspiel. Ich bin gelangweilt, du mußt mich dazu bringen, daß ich mich für dich interessiere ...!« Oder: »Laß uns doch im Café Soundso verabreden. Du bist schon da, und ich komme später. Dann tun wir so, als würden wir uns nicht kennen, und verlieben uns langsam ineinander!« Oder: »Erzähl mir alle deine Wünsche und erotischen Phantasien ...!« Oder: »Heute bin ich mal eine ganz andere Person. Ich ziehe mich anders an, ich habe einen anderen Beruf, stell du dich auf mich ein ...!« Solcherart Spiele zu erfinden werden Zwillinge nie müde. Und durch derlei Abwechslung wird's in der Beziehung natürlich selten langweilig!
Zwillinge sind aber auch oft »Alleinunterhalter«. Sie haben zum Beispiel ein Rendezvous inklusive Abendessen in einem Restaurant mit einem Zwillingegeborenen. Als erstes kann es sein, daß er sich völlig verrückt angezogen hat und so tut, als würde er Sie gar nicht kennen.

Dann wieder spielt er (oder auch sie) vielleicht auf der gemeinsamen Fahrt zu einem Restaurant den Stadtführer, im nächsten Moment den Portier, der die Tür des Wagens aufhält, schließlich den kenntnisreichen Gourmet, der Ihnen die Gaumenfreuden auf der Speisekarte so erklärt, daß Ihnen bereits beim Zuhören das Wasser im Mund zusammenläuft … Sie sehen schon: Ihre Zwillingepersönlichkeit ist immer »on stage«, unterhält Sie, bringt Sie zum Lachen oder macht auf andere Weise den Abend zum Erlebnis. Während des ersten Gangs wird Ihnen der vollständige Tagesablauf Ihres Gegenübers offeriert. Bis zum zweiten kennen Sie alle seine (ihre) Freunde und Freundinnen. Beim dritten wissen Sie, welche Filme im Moment interessant sind. Und so geht es weiter, bis Ihnen die Ohren rauschen. Aber Sie erleben einen interessanten Abend, an dem eines bestimmt nicht vorkommt: daß Sie einmal gähnen oder auf die Uhr schauen. Die Zeit vergeht wie im Flug. Gerechtigkeitshalber muß man jetzt hinzufügen, daß ein derartiger Abend nach der zwanzigsten oder gar hundertsten Fortsetzung vielleicht doch langweilig sein könnte. Aber nur, wenn Sie einen Zwillingegeborenen vor sich haben, der tatsächlich lediglich auf der unterhaltsamen Schiene zu Hause ist. Denn es gibt ja noch die andere Seite, mit der Zwillinge peu à peu rausrücken: ihre Probleme und Komplexe, Ängste und tiefschürfenden Überlegungen zum Sinn des Lebens. Das reicht dann für mindestens weitere hundert keinesfalls langweilige Abende. Und dazwischen kann man ja gemeinsam ins Kino gehen, zusammen fernsehen oder über Bücher diskutieren … Mit anderen Worten: Zwillinge sind wahrscheinlich dasjenige Tierkreiszeichen, mit dem eines nie geschieht: daß zwei Menschen an einem Tisch sitzen, kein Wort miteinander reden und gelangweilt vor sich hin glotzen.

## DIE BEZIEHUNGS- UND BINDUNGSFÄHIGKEIT DER ZWILLINGE

Für das eine kriegen Zwillinge ein großes Plus, für das andere eher ein Minus. Denn beziehungsfähig sind sie hundertprozentig, und ein Dasein ohne Zärtlichkeit, Zuwendung und Liebe ist für sie undenkbar. In meinen Astrologieseminaren führe ich immer folgenden Test durch: Ich bitte die Teilnehmenden, sich kurz zurückzuziehen und dabei zu überlegen, wie viele Menschen sie »Freunde« oder »gute Bekannte«

*Auch beim Lieben sind Zwillinge sehr unterhaltsam*

nennen. Ich habe noch nie ein anderes Ergebnis erzielt, als daß die Zwillinge am meisten Menschen kennen und die meisten Freunde aufzählen. Es kommt wirklich selten vor, daß Zwillinge nur drei oder vier Personen kennen. Den Rekord hält eine Zwillingepersönlichkeit, die in der kurzen Zeit, die sie zur Verfügung hatte, 44 Namen aufschrieb. Zwillinge sind also in besonderem Maße beziehungsfähig, sie kennen zig Leute und leben in einem großen und weitgefächerten sozialen Netz. Doch Zwillinge sind nicht gerade die Vorreiter, wenn es um Partnerschaftsfähigkeit geht. Partnerschaft meint ja, daß jeder Beteiligte sich auf sein Gegenüber einstellt, Kompromisse schließt, an den anderen denkt, sich um ihn kümmert. Aber wie sollen Zwillinge mit ihren zahlreichen Beziehungen dies überhaupt leisten können?
In aller Regel brauchen Zwillinge viel Zeit, bis sie partnerschaftsfähig werden. Mit anderen Worten: Sie müssen erst lernen, sich in einer Beziehung partnerschaftlich zu verhalten; und bis sie dazu in der Lage sind, werden sie viele Fehler machen und Unruhe stiften – das gehört bei ihnen zur ganz normalen Entwicklung! Was damit gemeint ist? Nun, daß sie jemanden vor den Kopf stoßen, der mit mehr Verständ-

nis ihrerseits gerechnet hat, oder jemanden im Stich lassen, der vielleicht auf eine Beziehung hoffte. Oder sie verletzen jemanden, der sich ihnen vielleicht geöffnet hat und nun eine Abfuhr einstecken muß … Mit jungen Zwillingen eine feste Partnerschaft einzugehen ist immer wahnsinnig amüsant, aber auch sehr riskant. Allerdings habe ich die Erfahrung gemacht, daß die Partner derartig bindungsscheuer Zwillinge in aller Regel selbst noch nicht wirklich bindungsfähig sind und sich daher, wahrscheinlich unbewußt, einen solchen Zwillingegeborenen aussuchen, um noch in gewisser Weise frei bleiben zu können. Mit anderen Worten: Menschen, die einen Zwillingepartner in jungen Jahren heiraten, sind meist selbst noch auf der Suche nach Freiheit und Vielfalt menschlicher Begegnungen, auch wenn sie sich darüber vielleicht gar nicht im klaren sind.
Ein Grund, warum Klienten in meine Praxis kommen, ist, daß sie über eine Trennung von einem geliebten Menschen nicht hinwegkommen. Ich habe also häufig mit dieser Themenstellung zu tun und erlebte bislang jedesmal dieselbe Situation: Immer wenn ein Mensch verlassen wurde, fand ich auch in seinem eigenen Horoskop Spuren dieser Trennung. Natürlich tut es weh, wenn man allein gelassen wird. Und solange der Trennungsschmerz noch nicht überwunden ist, kommt er beinahe dem Schlimmsten auf der Welt gleich. Aber ist diese Phase erst einmal vorbei, dann bestätigt eigentlich jeder, der mit einem Zwillingepartner liiert war und verlassen wurde, daß eigentlich auch von der eigenen Seite her immer der Wunsch nach mehr Freiheit bestanden hatte …

## SIND ZWILLINGE GUT IM BETT?

Die Antwort auf diese delikate Frage lautet: »Kommt drauf an, was man will!« Wer sich den Themen Sex und Erotik vorurteilsfrei und experimentierfreudig nähert, findet vielleicht keinen besseren Partner als den Zwillingegeborenen. Es wurde schon mehrmals betont, wie verwandlungsfähig Zwillinge sind, wie sehr sie das Leben und damit auch die Liebe als eine große, interessante Show betrachten. Und natürlich macht diese Einstellung nicht vor dem Bett halt. Im Gegenteil! Gibt es denn eine bessere Möglichkeit, als mit allen Raffinessen der Erotik einen Mann bzw. eine Frau zu verführen? Die Frage, welche

B(r)ettspiele sie außer Schach und Halma noch beherrsche, beantwortete eine Zwillingepersönlichkeit einmal so: »Alle ohne ›r‹!« – »Wie machen wir es heute: heftig oder zärtlich, cool oder leidenschaftlich?« Mit einem solchen Satz könnte eine Liebesnacht beginnen. Da werden neue Stellungen ausprobiert, und wenn man's mag, kommt vielleicht noch etwas Sadomasochismus hinzu – immer mit gegenseitigem Einverständnis, versteht sich. Zwillingen mit etwas zu kommen, was gegen ihren Willen ist, bedeutet das sichere Aus. Aber an den Rand sämtlicher Tabuthemen darf man sich schon bewegen. Dazu gehört natürlich ebenso, daß man seinen sexuellen Phantasien freien Lauf läßt, sie erforscht und uneingeschränkt umsetzt.
Auch hier treffen die im Blätterwald und in den elektronischen Medien verbreiteten Ansichten über Sex und Erotik ziemlich genau den Geschmack der Zwillinge. Es ist generell absolut typisch für Zwillinge, über dieses Thema zu reden und sich zu informieren. Für einen Krebs oder eine Jungfrau ist Sexualität meist ein viel zu intimes Thema, als daß man darüber öffentlich sprechen könnte. Kurzum: Sex mit Zwillingen macht Spaß, ist amüsant und auf alle Fälle nie langweilig … Aber – natürlich gibt es auch hier ein Aber – es mangelt an Tiefe. Wer Gefühle, Innigkeit und Hingabe sucht, kriegt mit einem Zwillingepartner vielleicht schnell eine Gänsehaut. Allerdings sind Zwillinge auch an diesem Punkt lernfähig. Mit der Zeit merken selbst sie, daß ihnen etwas fehlt.

## ÜBER DIE TREUE DER ZWILLINGE …

Man kann Zwillinge als eher nicht treu bezeichnen! Oder anders gesagt: Sie sind stets offen für das Leben und dafür, was es ihnen bringt. Natürlich heißt das nicht automatisch, daß sie immer fremdgehen oder sich spätestens nach einem Jahr Ehe scheiden lassen. Aber man kann einfach nicht sicher sein, daß sie nicht eines Tages nach Hause kommen und mit schuldvollen, aber durchaus glücklichen Augen gestehen, daß sie sich verliebt haben … Sie riskieren eben keine tiefen Gefühle, und auf der Ebene, auf der es ihnen sich einzulassen möglich ist, scheint beinahe jeder austauschbar. Das darf man nicht falsch verstehen. Hinter der Philosophie von Zwillingen steckt auch etwas Wunderbares: eine große Liebe zu allen Menschen und eine Grundüberzeugung, der zufolge man jeden lieben kann. Ob es dann überhaupt ratsam ist, Zwillinge zu heiraten? Aber ja doch! Aus ihrer Sicht zählt der Moment – nicht die Vergangenheit und nicht die Zukunft. Und im Augenblick lebt der Zwillingegeborene mit seinem ganzen Wesen. Also warum soll er nicht heiraten und Kinder bekommen? Außerdem sind Zwillinge auf anderer Ebene treu. Sie bleiben gute Freunde, auch wenn eine Liebesbeziehung beendet ist. Derartige Freundschaften sind manchmal wertvoller als eine komplizierte Ehe. Und es heißt ja auch nicht, daß alle Zwillinge immer auf dem Sprung sind. Besonders wenn sie schon einige Beziehungen durchlebt haben, entscheidet sich die Seele eines Zwillingegeborenen häufig und sagt: So, jetzt bleib ich, jetzt will ich seßhaft werden und mehr die Tiefe als die Weite erkunden!

## SO HÄLT MAN ZWILLINGE BEI GUTER LAUNE

Man muß sie unterhalten! Solange Zwillinge etwas zu tun, zu denken, zu fühlen haben, geht es ihnen gut. Selbst wenn sie jammern und sich beschweren, weil sie nicht mehr wissen, wo ihnen der Kopf steht, ist das immer noch besser, als sie zu schonen. Eine meiner Kolleginnen, eine Therapeutin, hat dies erst kürzlich schmerzlich erfahren müssen. Ihr Mann, Zwillinge, und sie hatten ein Kind, das kaum schlief und mehr oder weniger rund um die Uhr beschäftigt werden mußte. Da beide berufstätig sind, bedeutete es für jeden eine Riesenbelastung. Da der Zwillingemann darunter litt, nahm sich seine Frau ein Herz, packte das Kind und fuhr zu ihrer Mutter. Und was tat ihr Mann, als er endlich wieder einmal einen ruhigen Abend hatte? Er ging fremd!

Wenn Sie mit einem Zwillingepartner zu tun haben und ihn bei Laune halten wollen, dann schenken Sie ihm Kinder oder wenigstens Tiere, zwei Telefone, ein Handy, drei Tageszeitungen und einen Fernseher mit dreißig Programmen. Laden Sie immer wieder viele Freunde ein, wählen Sie im Urlaub Plätze, die um Gottes willen nicht völlig vereinsamt sind! Vor allem aber nehmen Sie sich selbst nicht zurück. Ihr Zwillingepartner liebt es viel mehr, wenn Sie ihm zur Last fallen, als wenn Sie ihn in Ruhe lassen – egal, ob er dabei laut protestiert oder nicht!

## WIE GUT ZWILLINGE ALLEIN SEIN KÖNNEN

Natürlich können Zwillinge ohne weiteres allein leben, aber dann benötigen sie wenigstens zwei Telefone, einen gigantischen Freundeskreis und einen Salon, also einen Kreis von Personen, der sich regelmäßig trifft. Unerläßlich ist auch ein soziales Klima, das ruhig »tropisch« sein darf. Hauptsache, sie sind von vielen Menschen umgeben. Selbst in einem Palast aus Tausendundeiner Nacht würde ihr Herz trauern, wenn sie dort ihr Dasein allein fristen müßten. Man kann sie auch ruhig ziehen lassen, wenn sie nach Einsamkeit verlangen. Jede Wette, sie kommen schnell wieder zurück!

## DER ZWILLINGEMANN AUF DEM PRÜFSTAND

Das Bild der Frauen vom Zwillingemann ist äußerst schillernd, vielschichtig und widersprüchlich. Kaum jemand wird in Frage stellen, daß Zwillingemänner zumindest dann, wenn sie eine Frau für sich gewinnen wollen, charmante, witzige, unterhaltsame und vielseitige Typen sind. Doch damit hat's sich auch schon mit der Übereinstimmung. Bei der weiteren Begutachtung fallen garantiert noch äußerst schmeichelhafte Bemerkungen wie »Herzensbrecher«, »Kavalier« oder »zärtlicher und sehr verständnisvoller Liebhaber«, aber auch weniger aufbauende Äußerungen wie »Schmeichler« oder »Angeber« und als Attribute »unsensibel«, »grob« und »verkopft«. Gerade die letzte Eigenschaft wirft man Zwillingemännern wohl am häufigsten vor, und das nicht ohne Grund: Sie sind nicht so stark im Herzensbereich, ihr Schwerpunkt liegt eher im Kopf, und sie versuchen alles, also auch Herzensdinge, logisch zu erklären. Wenn dann ein Zwillingemann zum hundertsten Mal seiner Frau sein Verhalten erklärt und aufrechnet, obwohl sie doch nur in den Arm genommen werden möchte, dann würde sie ihn schon mal gern schütteln, damit er endlich von seiner Großhirnrinde etwas tiefer zu seinen Gefühlen rutscht.
Ich glaube, jeder Frau, die einem Zwillingemann näherkommt, ist klar – bewußt oder unbewußt –, daß dieser Mann zwar leicht zu bekommen ist, aber genauso leicht wieder abhanden kommen kann. Frauen, die an diesem Punkt weitermachen, sind entweder auf der Suche nach etwas Kurzfristigem, einer Affäre, einem One-night-Stand, oder aber

*Der Zwillingemann ist »very, very charming«*

sie sind selbst ein freier Vogel und suchen das entsprechende Pendant. Frauen, die an diesem Punkt dichtmachen, sich also sagen: »Nichts für mich« oder »Ich bin mir für so was zu schade«, ersparen sich vielleicht großes Herzeleid, müssen aber bestimmt auch auf ein köstliches Amüsement verzichten.

Leicht ist am Zwillingemann jedenfalls nicht vorbeizukommen: Er verkörpert den Archetyp des Spielers und Sonnyboys, der allemal auf der heiteren Seite des Lebens wandelt, sehr erfahren ist und jede Menge anderer Frauen kennt. Genau das ist ein wichtiger Punkt. Unbewußt zieht es viele Frauen zu einem Zwillingemann, weil sie riechen, daß sie bei ihm lernen können und nicht wieder »die Mutti spielen« müssen. Besonders Frauen, die sich gerade aus einer Klammerbeziehung befreit haben, fliegen auf Zwillingemänner. Sie spüren: Hier ist ein Mann, bei dem sich Freiheit und Liebe nicht ausschließen.

Für Frauen, die sich in früheren Beziehungen die Finger verbrannt haben, sind Zwillinge auch noch aus einem weiteren Grund unglaublich wohltuend: Mit ihnen kann man reden, reden, reden … Und weil sie geborene Schauspieler sind, eignen sie sich auch herrlich als Seelentröster für solche Frauen, die gerade in einer Beziehungskrise stecken. Dann nämlich spielen sie der Frau, die bei ihnen Rat und Trost sucht,

all das vor, was diese bei ihrem Jetzigen just nicht (mehr) findet. Da laufen sie zu richtiggehender Meisterschaft auf, wenn sie einen imaginären Rivalen ausstechen können. Aber Vorsicht, Vorsicht! Frauen, die aufgrund dieser vermeintlichen Liebesfähigkeit des Zwillingemannes dann ihre bisherige Beziehung brechen, um bei diesem Traummann zu bleiben, erleben in aller Regel böse Überraschungen. Plötzlich hat ihr zauberhafter Ritter und Tröster keinen Rivalen mehr und entpuppt sich als ganz normaler Mann. Trotzdem sind Zwillinge- neben Wassermann- und Waagemännern die besten Freunde, die sich eine Frau wünschen kann. Mit ihnen läßt es sich prima ausgehen, reden, zärtlich sein, sogar ins Bett gehen – ohne große Dramen. Als Ehemann verlieren sie an Reiz: Ihr Charme wird etwas langweilig, ihre Sprüche sind bekannt, und mit der Zeit ist es zum An-den-Wänden-Hochgehen, wenn sie jeder Frau, die sie noch nicht kennen, Komplimente machen, während sie neben ihrer Ehefrau immer schneller einschlafen und schnarchen. Dennoch können auch langjährige Beziehungen mit ihnen ihren Reiz haben. Wer es geschafft hat, mit einem Zwillingemann trotz aller Seitensprünge und Auf und Abs ihrer Gefühle zusammenzubleiben, der hat tatsächlich einen Freund fürs Leben, der Neuem zugewandt ist und bei dem trotz aller Dramen die fröhliche, luftige Seite immer wieder durchschlägt.
Ein Freund von mir, ein Zwillingemann, erzählte mir einmal, wie er sich und sein Liebesleben erlebt: »Ich beanspruche eine Frau für ein gemeinsames Leben, eine zweite muß als Objekt meiner unerfüllten Liebe herhalten, Nummer drei dient als Begleiterin bei bestimmten Anlässen und Reisen, die vierte brauche ich als Therapeutin und die fünfte als Tennispartnerin!« Voilà, wer damit leben kann, hat bestimmt nicht den schlechtesten Mann erwischt …

## DIE ZWILLINGEFRAU AUF DEM PRÜFSTAND

Wenn man dabei ist, sich in eine typische Zwillingefrau zu verlieben, und mit ihr zum ersten Mal ausgeht, ist man einfach hin und weg. Diese Frau ist wie ein Windhauch an Zärtlichkeit, eine Wolke des Glücks. Alles, wovon man als Mann träumt, wird plötzlich wahr. Sie ist zärtlich, liebevoll, hingebungsvoll, aufmerksam, gescheit, burschikos, frech, selbständig, einfallsreich, sexy und, und, und … Wieso ist man dieser Frau nicht schon früher in die Arme gelaufen? Und während der ersten Tage, Wochen, ja sogar Monate einer gemeinsamen Beziehung werden die verliebten Töne sogar noch höher und inbrünstiger: Diese Frau ist die richtige fürs Leben! Sie stellt alle bisherigen schlichtweg in den Schatten.

Dieser Eindruck kann zwar im Einzelfall einmal tatsächlich der Wahrheit entsprechen, viel wahrscheinlicher ist allerdings, daß man ihren genialen schauspielerischen Talenten erlegen ist. Ein Zwillingemädchen kann wie kaum ein anderes die geheimsten Wünsche und Träume ihres Geliebten erraten, und sie setzt sie sofort um. Wünscht er ein witziges, charmantes Mädchen? Bitte schön, hier bin ich! Etwas mehr Romantik gefragt? Auch kein Problem! Oder soll heute etwas Nachdenklichkeit dabeisein? Diese automatische Wunscherfüllung hört auch im Bett nicht auf: Ah, er mag es, wenn man »wild wie ein Tier« Liebe macht ...! So wird geschrien und gestöhnt, daß die Wände wackeln. Ist er gar genant und liebt bevorzugt im Dunklen, dann spielt sie das Mädchen vom Lande, das noch nie richtig Liebe gemacht hat. Genial, diese Frau! Keine Frage! Der Mann findet »seine innere Frau«, sein Alter ego, die Frau, mit der er zeit seines Lebens spricht – ob er es merkt oder nicht. Die Frau, die dabei ist, wenn er sich selbst befriedigt, die Frau, die alles von ihm weiß ...

Je nach Tierkreiszeichen des Mannes und seiner Lebenserfahrung kommen bei ihm mit der Zeit jedoch Zweifel auf, ob sie wirklich alles so meint, wie sie es sagt. Irgendwann, bei manchen schon nach einem Monat, bei anderen erst nach einem halben Jahr, gibt es dann den ersten großen Krach: »Du spielst mir nur was vor!« macht er ihr zum Vorwurf. »Du verstehst mich gar nicht wirklich! Du bist nicht echt!« Vielleicht trifft man sich auch nur weniger häufig und läßt die lustigen Sexspiele plötzlich bleiben. Jedenfalls ist die Luft – die Leichtigkeit und Schwerelosigkeit – raus aus der Beziehung.

Natürlich sind die Vorwürfe ungerecht. Die Zwillingefrau hat ja nie ein Hehl daraus gemacht, daß sie gern spielt. Es ist eher die Enttäuschung des Mannes darüber, daß sein Traum zerbricht. Auf der anderen Seite werden Zwillingefrauen ihr Lebtag lang diesen Vorwurf hören, daß sie alles zu leicht nähmen, zu oberflächlich seien, nicht tief genug lieben könnten. Damit müssen sie leben. Oder sie versuchen durch bewußtes Hineinspüren oder Selbsterfahrung ihr Manko auszugleichen: ihre Angst vor tieferen Gefühlen, ihre Angst vor Hingabe, ihre Angst vor Nähe. Auf der anderen Seite braucht sich eine Zwillingefrau weiß Gott nicht zu schämen oder zu verstecken. Sie »ist« nun mal Zwillinge- und kein gefühlvoller Krebs- oder einfühlsamer Fischegeborener. Und so, wie sie ist, ist sie genau richtig!

## UND SO KLAPPT'S MIT ALLEN ANDEREN

Im folgenden wird das Beziehungsspiel zwischen Zwillingen und den zwölf möglichen Partnern des Tierkreises durchleuchtet. Dazu muß etwas Grundsätzliches gesagt werden: Es gibt keine Kombination, die unmöglich ist. Mit anderen Worten, wenn Sie ein Zwillingegeborener sind, können Sie's mit allen, egal, ob Löwe, Wassermann oder Krebs. Allerdings verlangt jede Partnerschaft einen bestimmten Preis. Bei manchen Kombinationen heißt der Preis Ruhe oder Entspannung, bei anderen braucht man vielleicht mehr Zeit. Auch ist es von Fall zu Fall möglich, daß man mit einem bestimmten Partner in eine Krise gerät und dann etwas unternehmen muß, um die Krise gemeinsam zu bewältigen. Es gibt keine Kombination, die nur positiv ist. Es gibt allerdings solche, die bequemer sind als andere. Wer aber will entscheiden, ob Bequemlichkeit in jedem Fall ein erstrebenswertes Gut ist?

### *Zwillinge* UND WIDDER

Die temperamentvollen, dynamischen und erotischen Widder erkennen in den Zwillingen herrliche Gespiel(inn)en, ihre(n) Seelenbruder bzw. -schwester, ihr Alter ego, mit dem sich das Leben wunderbar gemeinsam durchwandern läßt. Einzig und allein auf seiten der Zwillinge kommen Vorbehalte auf, denn sie fühlen sich häufig diesen selbstbewußten Menschen hoffnungslos unterlegen. Dann kommt alles darauf an, ob es dem Widderpartner gelingt, seinem charmanten Herzensbrecher das Gefühl zu geben, ein richtiger Mann bzw. eine richtige Frau zu sein.

## *Zwillinge* UND STIER

Stiere und Zwillinge sind ein äußerst ungleiches Paar. Der Stier ist ruhig, gemütlich, bodenständig und häuslich. Zwillinge sind das genaue Gegenteil: extravertiert, luftig, leicht. Und sie fühlen sich unterwegs, bei Freunden, in Bars und im Theater viel wohler als zu Hause auf dem Sofa. Weil sie so unterschiedlich sind, zugleich aber im Tierkreis nebeneinanderliegen, ergibt sich eine enorme Anziehung. Der Zwillingepartner fühlt sich ein bißchen wie ein Schmetterling, der gern bei seiner »Stierblume« rastet und auftankt ... um dann wieder von dannen zu ziehen. Stiere wiederum sind selig, weil sie über ihre Zwillinge Anschluß an die Außenwelt bekommen und viele neue Leute kennenlernen. So weit, so gut! Ist aber die Phase gegenseitiger Bewunderung erst einmal abgekühlt, treten die großen Unterschiede immer stärker zutage. Dem Stier fehlt die Anwesenheit des Zwillingepartners. Jenem wiederum ist sie zu langweilig. Jetzt hilft nur noch ein klärendes, aufdeckendes Gespräch, in dem beide Mittel und Wege finden, sich ihrer gegenseitigen Liebe zu versichern – auch wenn ihr jeweiliger Partner anders ist, als beide erwartet haben.

## *Zwillinge* UND ZWILLINGE

Wenn sich eine Zwillingefrau und ein Zwillingemann in Liebe einander zuwenden, finden zwei Seelen ihren Zwillingsbruder bzw. die Zwillingsschwester. Man kann auch sagen, Castor und Pollux sind wiedervereint. Die Seele fühlt sich vollständig erlöst. Diese Liebe ist wie ein ekstatischer Sinnenrausch. Das Paar besitzt etwas, was nur sie selbst verstehen, ein Geheimnis, das in ihren Seelen ruht und sie verbindet wie Bruder und Schwester. So als würde man sich wiederfinden. Bei jungen Menschen ist diese Beziehung allerdings meistens nicht von langer Dauer: Noch so viel gibt es zu erleben! Eine reife Zwillingebeziehung hingegen ist eine Köstlichkeit, ein charmantes, freies Paar, das ohne weiteres zusammen in die Ewigkeit eingehen kann.

## *Zwillinge* UND KREBS

Krebse sind gefühlvoll und haben damit genau das, was Zwillingen zunächst einmal abgeht. Sie leben ja eher aus dem Kopf heraus, analysieren, denken logisch und sammeln objektive Fakten. Krebse hingegen leben in ihrem Bauch, spüren, verlassen sich auf ihr Gefühl. Es sind also ausgesprochene Gegensätze, die aufeinandertreffen. Auf der anderen Seite liegen die beiden Tierkreiszeichen unmittelbar nebeneinander. Und daher besteht auch Nähe und Vertrautheit zwischen Krebsen und Zwillingen. Kurze Begegnungen, Affären und One-night-Stands sind sicher das Größte, was Zwillingen widerfahren kann. Auch der Krebs fühlt sich dabei in einer anderen Welt, erlebt frischen Wind und neuen Schwung. Eine Partnerschaft steht allerdings auf einem ganz anderen Blatt: Sind die Flitterwochen nämlich vorbei, will es sich der Krebs gemütlich machen – während Zwillinge wieder ihre Unruhe packt und der Wind ruft. Wenn diese zwei Menschen also zusammenbleiben, dann nur, wenn beide sehr flexibel und bereit sind, voneinander zu lernen: Der Krebs braucht die Einsicht, daß eine Liebe auch existieren kann, wenn man nicht ständig aneinanderklebt. Und der Zwillingepartner muß verstehen, daß man seinen Erlebnishunger auch stillen kann, wenn man nicht dauernd unterwegs ist.

## *Zwillinge* UND LÖWE

Löwen sind selbstbewußt und lieben sich, wie sie eben sind. Neben ihnen haben Zwillinge von vornherein schlechtere Karten. Bewußt oder unbewußt spüren sie die Überlegenheit des anderen. Manche Zwillinge können damit prima leben, denn sie haben einen Partner gefunden, auf den sie stolz sind, den sie vergöttern und auf Händen tragen. Kann man mit Löwen nicht wunderbar ausgehen, und wird man nicht überall bewundert? Im Glanz von Löwen können sich auch Zwillinge sonnen. Es gibt jedoch Zwillinge, die den Löwen ihre Größe verübeln und offen oder heimlich mit ihnen rivalisieren. Dann ist das Klima vergiftet. Nur ein offenes Gespräch – eventuell auch mit Unterstützung eines Beraters – kann hier Abhilfe schaffen. Letztendlich wird es dabei darum gehen, daß der Zwillingepartner es annehmen kann, neben einem derartig selbstbewußten Menschen zu leben, aber genauso, daß der Löwe sich vor allzuviel Selbstgefälligkeit hütet.

## *Zwillinge* UND JUNGFRAU

Diese Beziehung ist schwierig. Denn beide Tierkreiszeichen werden vom Planeten Merkur regiert, und das bedeutet schlicht und einfach, daß beide überzeugt sind, alles besser zu wissen, zu können, zu machen ... Im Grunde begegnen sich zwei unsichere Kandidaten, die sich jeweils vom anderen Stärkung versprechen, aber zugleich gilt, daß der andere wohl der letzte wäre, der einem etwas vorzuschreiben hätte. Wohlverstanden – derartige Überlegungen spielen sich nur äußerst selten im Bewußtsein beider ab. Da in der Zeit des Sichkennenlernens und Verliebtseins der Sex phantastisch funktioniert, kann sich diese Partnerschaft über einen langen Zeitraum retten. Aber der Konflikt ist unvermeidlich. Irgendwann müssen beide ihre eigenen Minderwertigkeitsgefühle auf den Tisch legen und sich fragen, ob ihre Liebe nicht wichtiger ist als der Drang, sich tagtäglich mit kleinen und großen Sticheleien das Leben gegenseitig zu vergällen.

## *Zwillinge* UND WAAGE

Sie sind vom gleichen Holz – pardon, Element Luft – und ergänzen sich daher blendend: Sie sprechen dieselbe Sprache, haben ähnliche Ansichten und Vorstellungen über die Liebe. Und beide sind sehr eigen, wenn es um Einschränkungen ihrer Freiheit geht. Waagen sind allerdings an mehr gegenseitiger Verpflichtung interessiert als Zwillinge. Sie, die Waage, will zwar ihr eigenes Leben weiterführen, ist aber bereit, um der gemeinsamen Liebe willen auch Kompromisse zu schließen. Zwillinge zeigen sich an diesem Punkt weniger anspruchsvoll. Ihnen reichen eine lockere Verbindung und ebensolche Absprachen. Das kann zu Konflikten führen. Dann ist es immens wichtig, die gegenseitigen Erwartungen zur Sprache zu bringen. In aller Regel finden beide aber einen Weg, dieses Problem zu meistern, und können ohne weiteres eine Familie gründen und noch mit Siebzig glücklich zusammenleben.

## *Zwillinge* UND SKORPION

Skorpione und Zwillinge trennen Berge unterschiedlicher Auffassungen und Lebensgewohnheiten: Zwillinge sind kommunikative, weltoffene, positive Menschen. Skorpione sind introvertiert, verschlossen, den Partner ganz für sich beanspruchend. Wenn diese zwei Menschen überhaupt zusammenkommen, dann spielt in 99 von 100 Fällen der Sex eine entscheidende Rolle: Der Zwillingepartner findet beim Skorpion die Lust und Leidenschaft, von der er sonst höchstens im Kino hört. Auch passiert es häufig, daß der Skorpion – ohne es selbst zu wissen – einen Partner für seinen Wunsch nach Kindern sucht und dann, wenn die Kinder auf der Welt sind, sich vom (Zwillinge)partner ab- und den Kindern zuwendet. Dieses Paar benötigt in Krisenzeiten, die ganz sicher kommen werden, dringend Beistand durch ein aufdeckendes Gespräch mit guten Freunden oder vielleicht sogar einem Psychologen.

## *Zwillinge* UND SCHÜTZE

Keiner steht dem anderen nach, wenn es darum geht, mit beißendem Wortwitz einander Paroli zu bieten – alles im Spaß, versteht sich. Aber unter der witzigen Oberfläche verbirgt sich eine wirkliche Spannung. Denn Zwillinge und Schütze liegen sich im Tierkreis genau gegenüber. Und derartige Zeichen ziehen sich kolossal an – stoßen sich aber auch ebenso kräftig ab. Oft ist dann Haßliebe die Folge, die durch die Geburt von Kindern eine entscheidende Stufe erlebt: Entweder ist jetzt die Spannung zu stark, und man trennt sich; oder die Kinder schaffen einen Ausgleich und bewirken somit, daß schließlich die harmonischen Aspekte überwiegen.

## *Zwillinge* UND STEINBOCK

Mit dem statusbewußten Steinbock wissen Zwillinge nicht richtig umzugehen. Einerseits finden sie sein »Getue«, seinen Ernst und Ehrgeiz komisch, auf der anderen Seite ahnen sie, daß sie ohne derartige Tugenden im Leben nicht recht weit kommen. Umgekehrt traut der Steinbock dem, wie er es sieht, Hokuspokus einer Zwillingepersönlichkeit nicht über den Weg. Man nähert sich daher in gegenseitigem Respekt. Manche Begegnungen kommen über eine vielversprechende Liebesnacht nicht hinaus. Andere werden erst nach Monaten so warm, daß sie miteinander ins Bett gehen. Wichtig ist, daß bei Konflikten nicht ausgewichen wird, sondern beide ihre innersten und geheimen gegenseitigen Vorbehalte auf den Tisch legen.

## *Zwillinge* UND WASSERMANN

Diese Verbindung ist ein sprühendes Feuerwerk, eine Mischung, die Champagner ähnelt. Ein exzentrisches Paar par excellence! Der Wassermann findet im Zwillingegeborenen genau den Partner, der seinen innersten Wünschen entspricht. Aber er fühlt sich ihm auch insgeheim überlegen, ist selbstbewußter und weiß, was er will. Das kann dazu führen, daß Zwillinge sich, um sich zu beweisen, bei anderen Sexpartnern »Stärkung« holen. Bei Konflikten ist es daher wichtig, der Frage nachzugehen, wie sehr jeder den anderen anerkennt und wie sehr sich jeder vom anderen als »Mann« bzw. »Frau« geschätzt weiß.

## *Zwillinge* UND FISCHE

Das ist nicht gerade die perfekte Kombination für eine Heirat, aber bestimmt für eine wilde Liaison oder auch heimliche Affäre. Fische fühlen in Zwillingen eine verwandte Seele, einen Menschen, der letztlich frei ist wie sie, aber auch so heimatlos. Das sind natürlich die besten Voraussetzungen für alle erdenklichen Projektionen. Kommt man dann richtig zusammen, heiratet oder lebt in einer eheähnlichen Gemeinschaft, läßt sich die Wirklichkeit nicht mehr kaschieren: Man kennt sich eigentlich gar nicht richtig. Das könnte der Anfang einer guten Beziehung sein. Aber die meisten brechen an diesem Punkt ab. Und es heißt: »Auf ein neues Glück!«

## *Gesundheit* UND FITNESS

In der astrologischen Medizin ordnet man jedem Tierkreiszeichen andere Körperregionen, physiologische und psychologische Funktionsweisen und entsprechende Krankheitsdispositionen zu. Dies bedeutet, es bestehen verschiedene Neigungen zu unterschiedlichen Störungen und Erkrankungen; das heißt aber noch lange nicht, daß bei jedem Tierkreiszeichen auch tatsächlich die ihm im folgenden zugeordneten Krankheiten auftreten werden.

**Körperliche Entsprechungen** Lunge, Bronchien, Arme und Hände
**Psychologische Entsprechungen** Austausch, Kommunikation, Vermittlung, Begreifen, Vergleichen, Auftreten, Darstellen
**Krankheitsdispositionen** Atembeschwerden, Asthma, Allergien, Erkrankungen an den Armen, Händen und Fingern

*Zu jedem Tierkreiszeichen gehören bestimmte Organe und Malaisen*

## TYPISCHE KRANKHEITEN DER ZWILLINGE

Zwillinge neigen zu den verschiedensten Beschwerden im Zusammenhang mit den Atmungsorganen, den Armen, Händen und Fingern. Damit Sie die Logik, die hinter diesen Zuordnungen steckt, und die psychosomatischen Ursachen der Symptome besser kennenlernen können, seien hier vier wichtige und häufige Probleme von Zwillingen genannt.

### *Atembeschwerden und gestörte Kontaktaufnahme*

Atem schafft universellen Kontakt. Denn was auch immer ein Mensch als seinen Besitz beanspruchen möchte, die Luft gehört allen. Sie hält sich weder an Grenzen noch an irgendwelche künstlichen geographischen Aufteilungen. Die gleiche Luft, die ich einatme, steht allen Menschen – Freunden wie Feinden – zur Verfügung.
Atmen ist so gesehen also ein bedeutender Vorgang der Kontaktaufnahme. Während ich mich sehr wohl entscheiden kann, wen ich mit der Haut meines Körpers, beispielsweise den Händen, berühren möchte, stehen die 80 bis 120 Quadratmeter Lungenoberfläche jeder »Berührung« offen. Daher kommt es wohl auch, daß manche Menschen einen Raum nicht betreten wollen, in dem sich bereits ein bestimmtes Individuum aufhält, das sie »nicht riechen« können. Auch die Redewendungen »Du stinkst mir«, »dicke Luft« oder »Du nimmst mir die Luft zum Atmen« gründen sicherlich auf der Tatsache, daß der Prozeß des Atmens als ein Kontaktherstellen und sogar als eine Aufrechterhaltung von Beziehungen verstanden werden kann.
Zwillinge mit Atembeschwerden haben daher aller Wahrscheinlichkeit nach Schwierigkeiten mit ihrer eigenen Natur. Sie möchten nicht wahrhaben, daß sie auf der Welt sind als der luftige Teil der Schöpfung, der mit allem in Kontakt steht und alles mit allem verbindet. Es ist deshalb wichtig, sich diese ureigene Bestimmung wieder bewußtzumachen, so daß man der Krankheit ihre Grundlage entzieht.

### *Asthma und das Spiel von Geben und Nehmen*

In zweifacher Weise unterbricht Asthma den natürlichen Atemfluß. Zunächst wird das Einatmen kontrolliert. Symbolisch gesehen, versuchen Zwillinge mit Asthma ihre Lungen, das heißt sich selbst, vor unerwünschten Kontakten zu schützen. Gemäß der Analogie von Atmen, Leben und Kontakt schützt sich der Asthmatiker gegen den Fluß des Lebens. »Asthma« ist wortverwandt mit »Enge« und »Angst«. So hat diese Krankheit mit der Angst vor dem Hereinlassen und Nehmen zu tun, die sich als Enge beim Einatmen ausdrückt. Vor allem hat der Asthmatiker aber auch Probleme mit dem Ausatmen. Er nimmt (die Luft) auf und hält (sie) dann fest. Er durchbricht das Spiel von Nehmen und Geben, wie man den natürlichen Atemrhythmus sinnbildhaft deuten kann.

Häufig atmen Zwillinge rasch und flach. Sie sind richtiggehende Brustatmer. Das entspricht ihrem Naturell, möglichst viele Kontakte herzustellen und nirgends allzulange zu verweilen. Sie sind an der Vielfalt und Fülle des Lebens orientiert und nicht daran, einen einzelnen Aspekt ewig auszukosten. Regelrecht lebenshungrig, stehen sie unter dem Anspruch, sowenig wie möglich zu versäumen. Daher neigen sie auch zu kurzen und am liebsten offenen, manchmal sogar unverbindlichen Beziehungen.

Wird in ihrem Leben einmal eine bestimmte Tiefe gefordert, haben sie Schwierigkeiten, sich darauf einzustellen. Sie reagieren überzogen, manchmal geradezu phobisch oder hysterisch. Eine etwas kritische Situation kann bei ihnen bereits eine panische Reaktion auslösen. Zwillinge sind daher auch besonders schockgefährdet. Sie sind so wenig gewohnt, einen wirklich tiefen Atemzug zu nehmen, daß sie bei einem Trauma, bei dem der Atem ja kurzzeitig innehält und dann wieder um so tiefer ansetzt, in Angst und Panik geraten können.

## *Allergie, Heuschnupfen und die Unterdrückung der »luftigen Seite«*

Heuschnupfen ist eine Überreaktion des körpereigenen Immunsystems auf Gräser und Blütenpollen. Er tritt ganz besonders zur Zwillingezeit, also Ende Mai und während des Junis, auf, und er verfolgt auch in besonderer Weise die unter diesem Tierkreiszeichen Geborenen. Im Grunde läuft hier ein ähnlicher Prozeß ab wie beim Asthmatiker: Die eigene Natur wird unterdrückt, der Zwillingegeborene versucht sich infolge früherer Traumata vor der »luftigen Welt« zu schützen.

Ich habe immer wieder festgestellt, daß Allergien und Heuschnupfen bei Zwillingen vor allem dann auftreten, wenn sie Probleme mit ihrem Vater und seinen Vorfahren haben. Es gibt Schwierigkeiten in der Ver-

gangenheit, in der die »luftige Seite« der Männer unterdrückt werden mußte.
Bei Asthma, einer Allergie, Heuschnupfen und anderen Erkrankungen der Luftwege sollte man sich daher mit folgenden Fragen ehrlich auseinandersetzen:

- Wer nimmt mir die Luft zum Atmen?
- Was oder wer stinkt mir?
- Was bedrängt mich?
- Was nimmt mir meinen Raum?
- Was hindert mich, meine Empfindlichkeit deutlich zu zeigen?
- Wovon habe ich die Nase voll?
- Begegne ich der Welt zu selbstgefällig?
- Habe ich verlernt, die kleinen und einfachen Dinge zu schätzen?
- Habe ich das Lachen verlernt?
- Habe ich Angst vor Kontakt?

## *Arme und Hände – gebrochene Verhältnisse*

Eine Erkrankung oder eine Verletzung der Arme bzw. der Hände verweist symbolisch immer auch auf eine gestörte Beziehung. Nach meiner Erfahrung scheinen besonders Zwillingekinder dazu zu neigen, ihr »gebrochenes« Verhältnis zu den Eltern durch einen gebrochenen Arm oder eine Verletzung an den Händen zum Ausdruck zu bringen. Oft steht hinter einem Armbruch die Tatsache, daß das Kind jetzt älter geworden ist und endgültig mit der kindlichen Rolle »bricht«.
Bei Verletzungen an den Händen kann man nicht mehr greifen und drückt damit zugleich aus, daß man auch nichts mehr *begreifen* oder nicht mehr mit*halten* will. Wieder sind es Kinder, bei denen diese Sprache in Analogien noch besonders stark ausgeprägt ist. Zahlreiche Hand- und Armverletzungen scheinen eindeutig eine Antwort der kindlichen Zwillingeseele auf zu starken schulischen und elterlichen Druck zu sein.
Bei Arm- und Handverletzungen sollten daher grundsätzlich folgende Fragen erörtert werden:

- Was will ich nicht verstehen oder begreifen?
- Wogegen protestiere ich?
- Was will ich nicht anfassen?
- Wo will ich nicht mithalten?
- Welche Beziehung will ich abbrechen?
- Welchen Kontakt möchte ich meiden?

## WIE ZWILLINGE GESUND BLEIBEN

Zuallererst ist es wichtig, daß Zwillinge zu sich selbst stehen und ihr eigenes Naturell leben. Ihr Element Luft ist dazu bestimmt, alles mit allem zu verbinden. Es ist ihre Aufgabe, möglichst viele Kontakte herzustellen und andere dabei mitzureißen. Zwillinge gehören unter Menschen. Einsamkeit ist das letzte, was ihnen fehlt. Eminent wichtig ist auch, daß sie sich gegenüber anderen Zeichen nicht unterlegen fühlen. Sie sollten sich selbst immer wieder klarmachen, wie wichtig ihre besondere Art und ihr spezielles Naturell sind.

### *Atemübungen*

In Atemübungen versucht man durch bewußtes Atmen zu heilen. Sie sind für Zwillinge besonders geeignet, schenken ihnen mehr Leichtigkeit, beleben das Denken und regen zu sozialem Austausch und Kommunikation an. Wenn Sie unter diesem Tierkreiszeichen geboren sind und Ihr Denken und Ihre Kontaktfähigkeit verbessern möchten, sollten Sie folgende Atemübungen, eine Zeitlang möglichst täglich, durchführen.

*Atemübung A:* Sitzen Sie aufrecht auf einem Hocker oder einem Stuhl. Ihre Beine sind geschlossen und formen einen rechten Winkel. Die Hände liegen auf Ihrer Brust. Schließen Sie die Augen, und sammeln Sie sich. Beginnen Sie, auf Ihren Atem zu achten. Verstärken Sie dabei allmählich seine Intensität. Zugleich beginnen Sie, Ihre Arme im Rhythmus des Atems zu bewegen. Die Bewegung sieht dabei so aus, daß Sie versuchen, das Auf und Ab Ihres Brustkorbs zu verstärken und zu vergrößern. Heben Sie beim Einatmen die Arme an den Achseln, und breiten Sie beide Arme aus, als würden Sie einen Baum umfassen. Beim Ausatmen nähern sich Ihre beiden Hände wieder dem Brustkorb

*Mars, der Powerplanet, verleiht Fitneß und Kraft*

und drücken schließlich sanft darauf. Zählen Sie langsam, während Sie einatmen: »Eins ... zwei ... drei ...« Und genauso, während Sie ausatmen. – Diese Übung können Sie auch immer wieder einmal zwischendurch machen. Sie gibt Ihnen Kraft und stärkt Ihren Atem.

*Atemübung B:* Bilden Sie mit beiden Händen Fäuste, und stoßen Sie sie abwechselnd wie ein Boxer nach vorn. Blasen Sie dabei Ihren Atemstrom heftig durch Ihre gespitzten Lippen, so als würden Sie eine Luftmatratze aufblasen. Führen Sie diese Übung am besten morgens am geöffneten Fenster durch. Dauer: 5 bis 10 Minuten.

### *Sport*

Im Grunde sind alle Sportarten, bei denen man sich besonders ausgiebig bewegt, günstig für Zwillinge. Tennis ist vielleicht am geeignetsten. Denn die ständig ausholende Bewegung mit dem Schläger dehnt und öffnet die Brust auf spielerische Art und Weise. Darüber hinaus ist Tennis, solange es nicht verbissen betrieben wird, eine Sportart, bei der Geschicklichkeit, Geschwindigkeit und Wendigkeit trainiert werden. Außerdem ist es ein Spiel, bei dem der Ball symbolisch einen Kontakt zwischen den Spielern herstellt, was dem Zwillingenaturell ja in besonderer Weise entspricht.
Weitere sehr geeignete Sportarten bzw. Bewegungstechniken sind Jogging, Turnen, Tanzen und die chinesische »Meditation in Bewegung« Tai Chi Chuan.

## DIE APOTHEKE DER NATUR

Nach den universell gültigen Analogieprinzipien haben Heilkräuter, die im Juni reif werden, eine besonders günstige Wirkung auf Erkrankungen der Atmungsorgane. Es sind dies Lungenkraut, Hagebutten, die Saat der Gerste und das Gundermannkraut (Gundelrebe). Des weiteren erntet man jetzt zur Anregung der Verdauung und damit des allgemeinen Wohlbefindens die Blätter des gemeinen und des römischen Wermuts, Schlehdorn-, Sauerampfer-, Leberbalsam-, Eibischwurzelblätter und Holzwurzkraut. Auch das Birkenwasser wird nun vom Fachkundigen abgezapft, weil das »Juniwasser dem Haar am besten tut«, wie es in einem alten Kräuterbuch heißt.

Beim Einsammeln der Kräuter ist es ratsam, etwas über die Phase des Mondes zu wissen. Denn schneidet man die Kräuter vor dem Vollmond, dann befindet sich besonders viel des entsprechenden Wirkstoffs in der Pflanze. Nach dem Vollmond dagegen werden die Wirkstoffe schwächer, was für empfindliche Menschen aber genau richtig sein kann. Außerdem sollte man Zwillingepflanzen möglichst dann pflücken, wenn der Mond in den Zwillingen, in der Waage oder im Wassermann steht.

## DIE RICHTIGE DIÄT FÜR ZWILLINGE

Typische Zwillinge haben grundsätzlich eine Veranlagung zu Verdauungsbeschwerden. Denn ihre Nahrungsaufnahme ist wahllos und folgt beinahe ausschließlich dem Lustprinzip. Ähnlich einem Kind lieben sie alles Süße und genauso alles extrem Saure oder Salzige. Damit verlangen sie aber ihrem Verdauungstrakt viel Sonderarbeit ab, was zu Blähungen, Völlegefühl, Schlafstörungen und unreiner Haut führen kann.

Des weiteren unterlassen Zwillinge eine ausreichende Aufbereitung der Nahrungsmittel. Sie sind in der Regel ausgesprochene Schnellesser, die das Essen am liebsten mit irgendeiner zweiten Tätigkeit wie Fernsehen oder Lesen verbinden. Das kostet Magen und Darm zusätzliche Kraft.

Die richtige »Diät« für sie ist daher nichts mehr und nichts weniger als eine bewußte Nahrungsselektion mit entsprechender Aufbereitung im Mund. Der berühmte Rat, man solle jeden Bissen hundertmal kauen (und dabei nicht TV schauen!), gilt also speziell für Zwillinge. Wenn sie sich dann noch zuweilen über einen längeren Zeitraum – einen Monat – der Trennkost verschreiben (Literatur darüber findet man wohl in jedem Buchladen), bleiben sie nicht nur schlank und rank, sondern auch gesund.

# *Beruf* UND KARRIERE

## ÖFTER MAL WAS NEUES

Thomas studierte nach seinem Abitur zunächst Psychologie. Nach drei Semestern schrieb er sich für Germanistik ein, noch ein Semester später wechselte er zu Französisch und Englisch und entschied sich schließlich wieder für Psychologie. Bereits in diesem Hin und Her erkennt man die Handschrift typischer Zwillinge. Sie sind nun mal keine Steinböcke, Stiere oder Krebse mit einer klaren und festen Charakterstruktur. Bei Zwillingen wechseln die Ideen wie das Wetter, und entsprechend ändern sich auch ihre Vorstellungen darüber, wie sie ihren Lebensunterhalt verdienen wollen.
Ich glaube, ein Mensch, der von Anfang an weiß, was er werden will, ist kein typischer Vertreter dieses Tierkreiszeichens. Er hat dann vielleicht einen Steinbock- oder Jungfrauaszendenten. Für das flexible Luftzeichen Zwillinge jedenfalls ist ein häufiger Studienfach- oder Berufswechsel eher typisch als Konstanz. Das mag negativ anmuten, aber nur für jemanden, der glaubt, Kontinuität in beruflicher Hinsicht sei ein Vorteil. Das war ja in der Vergangenheit auch eher der Fall. Heute jedenfalls ist Flexibilität hingegen beinah eine Voraussetzung dafür, um Karriere zu machen. Das Zeitalter zunehmender Globalisierung und grenzenloser Kommunikations- sowie Informationsmöglichkeiten via Internet, E-Mail und Videokonferenz hat längst begonnen. Nicht nur aus Kreisen der Industrie kommen immer wieder Äußerungen, daß an den Berufstätigen des 3. Jahrtausends ganz andere Anforderungen gestellt werden als bisher: Diese neue Zeit braucht Menschen, die sich jederzeit umstellen können und extrem vielseitig sind. Genau das sind die typischen Zwillinge! Sie sind zumindest in unserer heutigen Epoche und erst recht in der Zukunft gut beraten, wenn sie die unterschiedlichsten Dinge lernen und ausprobieren. Ihre Vielseitigkeit ist ihr größtes Kapital.
Zurück zu Thomas. Nachdem er das Psychologiestudium abgeschlossen hatte, machte er zuerst einmal gar nichts in Richtung Beruf und Karriere. Er jobbte, reiste ein bißchen durch die Welt und schob die Entscheidung, was er nun schließlich tun sollte, vor sich her. Auch das ist typisch. Zwillinge sind wie Kinder, die sich in einem großen Spiel-

zeugladen *ein* Teil aussuchen dürfen. Wie soll das gehen, wo ihnen doch alles gefällt und sie alles bedienen können? Man kann Zwillinge mit einem Computer vergleichen. In ihm stecken unzählige Möglichkeiten. Er braucht nur die entsprechende Software, ein Programm, und der Computer – genau wie die Zwillinge – schreibt, liest, malt, sortiert, katalogisiert, ordnet, tauscht aus, vergleicht, kommuniziert und, und, und … Ich denke manchmal, daß der Computer eine Erfindung der Zwillinge ist und wir in einer Zwillingeära leben.
Thomas arbeitete zunächst in einer Klinik für Drogenabhängige. Nach einem Jahr kam es dort aber zu großen Spannungen mit dem Leiter der Einrichtung. Dies war allerdings nur der äußere Anlaß für die Beendigung des Arbeitsverhältnisses, es hätte auch etwas ganz anderes sein können. Man könnte sagen, es war wieder mal Zeit für Thomas' »Reise in die Unterwelt«.
Er kündigte seine Stelle und begann dann mit viel frischem Schwung im Buchladen seines Freundes. Nach zwei Jahren beherrschte er das Fachwissen eines Buchhändlers aus dem Effeff. In der Zwischenzeit hatte er allerdings auch wieder begonnen, Musik zu machen. Thomas war nämlich in seiner Jugend ein begeisterter Pianist und Sänger gewesen. Jetzt, mit 34, begann er wieder zu spielen und zu komponieren. Er bewarb sich beim Rundfunk und bekam die Stelle eines Musikjournalisten. Nebenbei macht Thomas seine eigene Musik. Er hat bis heute zwei CDs komponiert.
Entertainment ist aller Zwillingegeborenen Lieblingsbeschäftigung. Einerlei, ob sie es beruflich ausüben (denken Sie etwa an die Zwillinge Peter Frankenfeld, Harald Juhnke, Charles Aznavour, Karl Valentin und Bob Hope) oder als Hobby: Keiner kann so gut unterhalten wie die Zwillinge. Kein anderer versteht es so gut wie sie, Menschen zu begeistern, zu verzaubern. Wenn sie »gut drauf« sind, betrachten sie wie gesagt die Welt als ko(s)mischen Witz und sich selbst als die göttliche Pointe.
Die Doppelnatur von Zwillingen macht sich auch darin bemerkbar, daß sie häufig einen Haupt- und einen Nebenberuf ausüben. E. W. ist offiziell Buchhalter und verdient am Wochenende als Barmusiker beinah noch mal das gleiche Geld. H. D. ist Lehrer und sammelt Briefmarken, aber absolut gewinnorientiert. Das heißt, daß er Sammlungen aufkauft und wieder verkauft. Einmal hat er in einem für wenig Geld erstandenen Nachlaß eine Rarität gefunden, die ihm fast 100 000 DM einbrachte. U. K. ist Sekretärin und Fremdenführerin, und

*Der Tierkreis steht symbolisch für sämtliche Belange des Lebens*

auch sie verdient zuweilen in ihrer Nebentätigkeit mehr Geld als in ihrem offiziellen Beruf. Weiterhin kenne ich Zwillinge, die nebenberuflich an der Volkshochschule, in Sportvereinen, Ferienclubs, Diskotheken, Chören, Orchestern, Theatergruppen arbeiten und zumindest teilweise gutes Geld verdienen.
Zwillinge brauchen die Nähe und den Bezug zu anderen Menschen, sie wollen reden, sich austauschen, begegnen, sie brauchen Abwechslung und die Möglichkeit, in viele verschiedene Rollen zu schlüpfen. Eine Arbeit, bei der am Morgen niemand weiß, was der Tag bringen wird – einschließlich der Chancen zu plötzlichem Aufstieg und der Risiken des abrupten Falls –, ist geradezu eine Labsal für ihr Herz und einer sicheren, aber todlangweiligen Laufbahn vorzuziehen. Daher ist es für Zwillinge, wie ich schon erwähnte, auch eher der Normalfall, daß sie ihre Stelle und oft genug sogar den Beruf mehrmals wechseln.

## KOMMUNIKATION IST ALLES

Im weiten Feld der Unterhaltungsindustrie (Theater, Film, Zeitung, TV) findet ihre Vielseitigkeit am ehesten ein adäquates Betätigungsfeld. Nach meiner Erfahrung wimmelt es in dem Bereich von Zwillingen. Mit Journalistik verwandt ist in diesem Sinne alles, was mit der Herstellung und dem Vertrieb von Büchern zu tun hat (Autoren, Lektoren, Agenturen, Verleger, Buchhändler, Bibliothekare). Ein Buchhändler muß Tausende von Büchern kennen und zudem noch auf Kunden eingehen. Wer kann das besser als Zwillinge? Neben dem bereits erwähnten Thomas kenne ich noch mehrere Zwillinge, die Buchhändler, Lektor oder Verleger sind. Am liebsten schreiben sie aber selbst. Entsprechend groß ist auch die Zahl der Zwillingegeborenen, die durch Schreiben Weltruhm erlangt haben. Hier wenigstens ein paar Namen: Ian Fleming, der zahlreiche Romane um den Superagenten James Bond schuf, Thomas Mann, der schon in jungen Jahren Weltliteratur verfaßte, die Schriftstellerin Françoise Sagan (*Bonjour tristesse*) und der durch seine *Göttliche Komödie* unsterblich gewordene Dante Alighieri.
Daß Zwillinge aufgrund ihrer Vielseitigkeit, ihres sprachlichen Geschicks, ihrer raschen Auffassungsgabe und ihres Kommunikationstalents die besten Sekretäre und Sekretärinnen abgeben, versteht sich

fast von selbst. Ihr Kopf gleicht einer Bibliothek, einem Lexikon, einer Rechenmaschine. Mehr als andere können sie Wissen und Fakten aufnehmen, verarbeiten, vergleichen, analysieren, erkennen, ausscheiden, zusammenzählen und wiedergeben. Daher finden sich in der Verwaltung, Registratur, Wissenschaft und Forschung immer auch zahlreiche Zwillinge.

Es besteht darüber hinaus ein Hang zum Beruf des Steuerberaters und des Anwalts, der mit allen Tricks und Finessen sämtliche Möglichkeiten des bestehenden Rechts auszuschöpfen versucht.

Unbedingt zu erwähnen ist ihr geniales Verkaufstalent: Typische Zwillinge haben keine Kontaktscheu oder Berührungsängste – sie können auf wildfremde Menschen zugehen, als wären sie schon seit eh und je ihre allerbesten Freunde.

Es wurde bereits erwähnt, daß ihr herrschender Planet Merkur heißt und der mit diesem Gestirn korrespondierende Gott selbst ein wahres Kommunikationsgenie war. Ich möchte jetzt noch auf ein weiteres Talent von Merkur eingehen. Sein Beiname war »der Beflügelte« oder »der Götterbote«. Das heißt, daß er als Mittler zwischen den unsterblichen Göttern des Olymps und den sterblichen Menschen fungierte. Zum einen ist das eine Erklärung, warum Zwillinge gern einen Beruf ausüben, bei dem es ums Überbringen von Botschaften geht. Sie arbeiten bei der Post, Bahn, sprechen Durchsagen, geben Auskunft, überbringen Briefe. Zum anderen sind Zwillinge tatsächlich Grenzgänger zwischen »oben und unten«, zwischen »Himmel und Erde«. Sie sind beseelt von einer höheren Führung und Fügung, der sie wie Kinder ergeben sind, und erinnern manchmal an einen Lichtstrahl göttlicher Heiterkeit – leicht, luftig, unbeschwert.

## DAS ARBEITSUMFELD UND DIE BERUFE DER ZWILLINGE

### *Wo arbeiten Zwillinge am liebsten?*

Zwillinge betätigen sich mit Vorliebe in einem Umfeld, wo Informationen gesammelt, verarbeitet und weitergegeben werden, wo organisiert und delegiert wird. Sie mögen Arbeiten an öffentlichen Plätzen wie im Kino, Theater, Café, Park oder in einer Bar. Wo gelesen, gedruckt und geschrieben wird, wo Sprachen wichtig sind, Produkte und Ideen entwickelt und vermarktet werden, wo organisiert, verwaltet, geordnet, vervielfältigt, analysiert und geforscht wird, da fühlen sich die typischen Vertreter dieses Tierkreiszeichens zu Hause. Ebenso wo es um Kommunikation, Verkauf, Unterhaltung und Reisen, wo es um Erfindungen, Technik, Modernisierung, Vernetzung, Informatik und den Zeitgeist geht.

### *Berufe der Zwillinge*

A/B (Angestellter/Beamter) Auswärtiger Dienst, A/B Bundesanstalt für Flugsicherung, A/B Deutsches Patentamt, A/B Kommunalverwaltung, Antiquitätenhändler, Anwendungsprogrammierer, Apotheker, Astronom, Astrophysiker, Atem- und Stimmlehrer, Außenhandels-, Bankkaufmann, Berufe in Umweltorganisationen, Berufsschullehrer, Bibliothekar, Bilanzbuchhalter, Bildingenieur, Bodenpersonal bei Fluggesellschaften, Buchhändler, Bürogehilfe, Bürokaufmann, Chemotechniker, Computer-Layouter, Cutter, Datenbankspezialist, Datenverarbeitungskaufmann, Dipl.-Ing. Fachrichtung Chemie, Dipl.-Ing. Verfahrenstechnik, Dipl.-Ing. Vermessungswesen, Diplompsychologe, Diplomhandelslehrer, Diplominformatiker, Diplomingenieur, Diplomkaufmann, Diplompädagoge, Diplomvolkswirt, Dolmetscher, Dorfhelferin, Einzelhandelskaufmann, Ethnologe, Fachlehrer, Fachwirt für Tagungs-, Kongreß- und Messewirtschaft, Fahrlehrer, Flugbegleiter, Germanist, Gewerbelehrer, Grund- und Hauptschullehrer, Hochschullehrer, Informatiker, Informationsbroker, Informationsgrafiker, Journalist, Kommunikationstechniker, Kultur- und Medienmanager, Lektor, Maskenbildner, MAZ-Techniker, Medieninformatiker, Multimediaproducer, Netzwerkspezialist, Ökomanager, pädagogischer Assistent, Philologe, Philosoph, Politiker, Politologe, Privatdozent, Psychotherapeut, Realschullehrer, Redakteur, Reiseverkehrskaufmann, Religionswissenschaftler, Reporter, Schriftsteller, Schauspieler, Sekretärin, Seminarleiter, Sonderschullehrer, Sozialwissenschaftler, Sprachwissenschaftler, staatlich geprüfter Betriebswirt, Steuerberater, Steuerbevollmächtigter, Steward, Tanzlehrer, Teletutor, Theaterwissenschaftler, Tourismusmanager, Übersetzer, Umweltberater, Verfahrenstechniker, Verlagskaufmann, Verleger, Versicherungskaufmann, Werbekaufmann, Zukunftsforscher.

*Test:*

# WIE »ZWILLINGEHAFT« SIND SIE EIGENTLICH?

Mit Hilfe des folgenden Tests können Sie in Erfahrung bringen, wie typisch Sie für Ihr Tierkreiszeichen sind. Gehen Sie dabei so vor: Kreuzen Sie die Zahl an, wenn Sie die jeweilige Frage mit Ja beantworten. Falls Sie also gern Testfahrer wären, würden Sie die Zahl 1 ankreuzen. Wenn nicht, würden Sie dies nicht tun.

| | + | | – |
|---|---|---|---|
| Wären Sie gern Testfahrer? | | 1 | |
| Sind Sie ein Mensch, der gern Geld zurücklegt? | | 2 | |
| Haben Sie gern mit Kunst zu tun? | | 3 | |
| Sind Sie gern unter Menschen? | + | 4 | |
| Würden Sie gern Politik machen? | | 5 | |
| Sagen Sie gern anderen, was sie tun sollen? | | 6 | |
| Würden Sie gern allein in einer Wetterstation arbeiten? | | 7 | |
| Lesen Sie viel und gern? | + | 8 | |
| Möchten Sie gern schwerkranke Menschen betreuen? | | 9 | |
| Ist es Ihnen egal, was Sie arbeiten, Hauptsache, das Geld stimmt? | | 10 | |
| Ordnen Sie sich leicht unter? | | 11 | |
| Können Sie gut warten? | | 12 | |
| Ist Ihnen Harmonie wichtig? | | 13 | |
| Möchten Sie auf dem Land leben und arbeiten? | | 14 | |
| Stehen Sie gern in der Öffentlichkeit? | + | 15 | |
| Möchten Sie Falschparkern einen Strafzettel geben? | | 16 | |
| Möchten Sie an einer Diät als Testperson mitmachen? | | 17 | |
| Möchten Sie Gehälter abrechnen? | | 18 | |
| Unterhalten Sie andere Leute gern? | | 19 | |
| Arbeiten Sie gern im Team? | | 20 | |
| Könnten Sie von der Hand im Mund leben? | | 21 | |
| Interessieren Sie sich für Mode? | | 22 | |
| Mögen Sie das Risiko? | | 23 | |
| Führen Sie gern technische Berechnungen durch? | | 24 | |
| Wären Sie gern ein Entdeckungsreisender? | | 25 | |
| Mögen Sie Veränderungen? | + | 26 | |

| | + | | – |
|---|---|---|---|
| Möchten Sie auf einer Bühne stehen? | | 27 | |
| Können Sie gut allein leben? | | 28 | |
| Können Sie leicht auf die Tageszeitung verzichten? | | 29 | |
| Möchten Sie gern Kinder betreuen? | | 30 | |
| Halten Sie Gefühle für wichtiger als den Verstand? | | 31 | |
| Können Sie leicht aus sich herausgehen? | | 32 | |
| Liegt Ihnen das Wohlergehen anderer am Herzen? | | 33 | |
| Sind Sie gern Gastgeber? | | 34 | |
| Betreuen Sie gern Kranke? | | 35 | |
| Sind Sie gern Lehrer? | | 36 | |
| Sind Sie ein beständiger Mensch? | | 37 | |
| Gehen Sie gern und häufig aus? | | 38 | |
| Möchten Sie Menschen beraten? | | 39 | |
| Möchten Sie Schaufenster dekorieren? | | 40 | |
| Möchten Sie gefährliche Chemikalien transportieren? | | 41 | |
| Würden Sie gern an einem Bankschalter stehen? | | 42 | |
| Treiben Sie gern Sport? | | 43 | |
| Würden Sie gern als Diskjockey arbeiten? | | 44 | |
| Wären Sie gern Astronaut? | | 45 | |
| Können Sie sich vorstellen, im Ausland zu arbeiten? | | 46 | |
| Möchten Sie gern Reporter sein? | | 47 | |
| Übernehmen Sie gern Verantwortung? | | 48 | |
| Wären Sie gern Fotomodell? | | 49 | |
| Können Sie leicht bei einer Sache bleiben? | | 50 | |

Summe: 100

## *Auswertung*

Schreiben Sie immer dann ein Plus (+) links neben die Zahl, wenn Sie die Nummern **4, 8, 15, 19, 21, 26, 27, 36, 38, 39, 44, 47, 49** angekreuzt haben (maximal dreizehnmal ein Plus).
Tragen Sie immer ein Minus (–) neben der Zahl ein, wenn Sie die Nummern **7, 9, 12, 14, 16, 17, 28, 29, 31, 37, 50** angekreuzt haben (maximal elfmal ein Minus).

*Saturn nimmt Maß und setzt Grenzen*

Ziehen Sie die Anzahl der Minus- von der Anzahl der Pluszeichen ab. Die Differenz ist Ihr Testergebnis.

## Interpretation

*Ihr Testergebnis beträgt 5 oder mehr Punkte:* Sie sind eine hundertprozentige Zwillingepersönlichkeit. Alles, was in diesem Buch über die Natur Ihres Tierkreiszeichens geschrieben steht, trifft in besonderem Maße auf Sie zu. Sie sind unbeschwert, lebhaft, gehen mit Vorliebe aus, treffen gern Leute, unterhalten sich und sind allem Neuen gegenüber aufgeschlossen. Sie gelten als ein fröhlicher Mensch, obwohl Sie auch eine andere Seite in sich tragen, die ganz anders ist, nämlich nachdenklich, sorgenvoll, kritisch und sehr skeptisch, auch sich selbst gegenüber. Dem Leben begegnen Sie möglichst neutral und fast immer neugierig. Sie sind – im positiven Sinne – fast wie ein Kind, und Sie bilden sich Ihre Meinungen vor Ort, haben also nicht schon Ihr Vorurteil. Sie sind ein ausgesprochener Verstandesmensch. Gefühlen gegenüber sind Sie eher mißtrauisch.

*Ihr Testergebnis liegt zwischen 2 und 4 Punkten:* Bei Ihnen ist das Zwillingenaturell gedämpft. Wahrscheinlich haben Sie einen Aszendenten, der die Qualität Ihrer Zwillingepersönlichkeit in einer anderen Richtung beeinflußt. Oder Ihr Mond hat diese Wirkung. Für Sie ist es daher interessant, die Stellung Ihres Mondes und Ihren Aszendenten im zweiten Teil dieses Buches kennenzulernen. Es kann aber auch sein, daß Sie durch frühere Erfahrungen dazu veranlaßt wurden, Ihr Zwillingenaturell abzulehnen. Dann ist es besonders wichtig, daß Sie sich damit wieder anfreunden und es mehr zulassen.

*Ihr Testergebnis beträgt weniger als 2 Punkte:* Sie sind eine untypische Zwillingepersönlichkeit. Wahrscheinlich haben Sie einen Aszendenten, der sich völlig anders als das Zwillingeprinzip deuten läßt, oder Ihr Mond steht in einem solchen Zeichen. Es wird sehr spannend für Sie sein, dies im zweiten Teil des Buches herauszufinden. Sie haben es aber im Lauf Ihres Lebens womöglich auch für nötig befunden, Ihre Zwillingeseite abzulehnen und zu verdrängen. Es ist daher Ihre Aufgabe, sich mit diesem Teil Ihrer Persönlichkeit wieder anzufreunden: Sie sind zum großen Teil ein »Geschöpf der Luft« mit einem Naturell, das dafür geschaffen ist, Menschen zu begegnen, sie zusammenzubringen, sie zu unterhalten und ihnen die fröhliche Seite des Lebens zu zeigen.

# *Teil II* IHRE INDIVIDUALITÄT

## *Der Aszendent und die Stellung von Mond, Merkur & Co. –*

## VORBEMERKUNG

In Teil I wurde erläutert, warum die Zwillinge Ihr »Sternzeichen« sind, nämlich weil die Sonne zum Zeitpunkt Ihrer Geburt in diesem Abschnitt des Tierkreises stand. Nun gibt es in unserem Sonnensystem bekanntlich noch andere Himmelskörper, von denen der Erdtrabant Mond und die Planeten für die Astrologie bedeutsam sind. Sie alle haben ebenfalls entsprechend ihrer Stellung bei einer Geburt eine spezifische Aussagekraft. Obendrein spielen auch noch der Aszendent, die astrologischen Häuser und weitere Faktoren eine Rolle. Alles zusammen ergibt ein Horoskop.

Dieses Wort hat seine Wurzeln im Griechischen und heißt soviel wie »Stundenschau«, weil ein Horoskop auf die Geburtsstunde (eigentlich Geburtsminute) genau erstellt wird. Es ist also eine – in Zeichen und Symbole übersetzte – Aufnahme der astrologischen Gestirnskonstellationen zum Zeitpunkt einer Geburt. Es spiegelt die vollständige Persönlichkeit eines Menschen wider.

Im folgenden werden die neben der Sonne wichtigsten Größen eines Horoskops gedeutet: Aszendent, Mond, Merkur, Venus, Mars, Jupiter und Saturn. Sie können mit Hilfe des Geburtstags und der Geburtszeit ihre Position im Tierkreis ermitteln und dann die jeweilige Bedeutung kennenlernen. Die Interpretation dieser Horoskopfaktoren ist manchmal vom Sonnenzeichen des oder der Betreffenden abhängig, im großen und ganzen jedoch nicht. Wenn Sie also zum Beispiel ein Stier wären, dessen Mond im Widder stünde, müßte diese Mondstellung genauso gedeutet werden, wie wenn Sie vom Sonnenzeichen her eine Waage- oder eine Fischepersönlichkeit wären. Entsprechend finden Sie in den verschiedenen Bänden dieser Buchreihe in der jeweiligen Beschreibung des Aszendenten-, Mond-, Merkur-, Venus-, Mars-, Jupiter- und Saturnzeichens die gleichen Aussagen.

Auf der anderen Seite ist es wichtig zu verstehen, daß die Interpretation einer einzelnen Größe wie zum Beispiel Aszendent, Mond oder Sonne immer nur einen bestimmten Aspekt wiedergibt, der eventuell widersprüchlich zu dem sein kann, was über einen anderen Faktor gesagt ist. Die Kunst der Astrologie beruht aber gerade darauf, Verschiedenes,

eventuell sogar Sich-Widersprechendes miteinander zu verbinden bzw. gemäß der eigenen Intuition und Erfahrung zu gewichten.
Die Tabellen zur Berechnung des Aszendenten, der Mond-, der Merkur-, der Venus-, der Mars- und der Jupiterstellung in diesem Band gelten nur für Ihr Tierkreiszeichen, die Saturntabelle gilt auch für alle anderen Zeichen.

## DER ASZENDENT

Von Ihrem Sonnenzeichen her sind Sie ein Zwillingegeborener, dies ist aber wie gesagt nur *ein* Aspekt Ihrer Persönlichkeit. Die Astrologie kennt noch viele andere, wovon der Aszendent der wichtigste ist. Für die Bestimmung des Aszendenten muß man allerdings die genaue Geburtszeit kennen. Sie ist erfahrbar, weil sie auf dem Standesamt des Geburtsorts festgehalten wird. Wenn Sie also die Zeit, zu der Sie das Licht der Welt erblickt haben, nicht kennen, haben Sie die Möglichkeit, dort anzufragen und um Auskunft zu bitten.
Als ich seinerzeit damit begann, Horoskope zu erstellen, war ich sehr erstaunt darüber, daß die Geburtszeit neben dem Geburtstag in den Büchern der Standesämter festgehalten wird. Der Geburtstag dient dem Staat neben anderen Angaben zur eindeutigen Identifizierung einer Person. Aber welchen Zweck erfüllt für die Bürokratie die Geburtszeit? Für mich liegt darin auch heute noch kein größerer Nutzen als dieser: Durch die schriftliche Fixierung der Geburtszeit liefern die Behörden der Astrologie die wichtigste Berechnungsgrundlage und ermöglichen so jedem Menschen einen Blick auf den ganz persönlichen, einzigartigen Anfang seines Lebens.
Der Aszendent symbolisiert Ihre individuelle Note. Das Sonnen- oder Tierkreiszeichen haben Sie ja gemeinsam mit allen Menschen, die wie Sie zwischen dem 21. Mai und dem 21. Juni geboren sind. Der Aszendent jedoch ergibt sich aus Ihrer ganz persönlichen Geburtszeit.
Was ist denn nun der Aszendent? Bekanntlich dreht sich die Erde in zirka 24 Stunden um ihre eigene Achse. Von der Erde aus gesehen, beschreibt die Sonne dabei aber einen Kreis um unseren Planeten. Dieser Kreis wird – ebenso wie beim scheinbaren Kreislauf der Sonne um die Erde innerhalb eines Jahres – in zwölf Abschnitte unterteilt: die zwölf Zeichen des Tierkreises. Entsprechend steigt am östlichen Hori-

zont etwa alle zwei Stunden ein neues Tierkreiszeichen auf. Dasjenige, das zum Zeitpunkt Ihrer Geburt gerade dort aufging, nennt man »Aszendent« (dieser Begriff ist abgeleitet vom lateinischen Wort *ascendere* = »aufsteigen«).
Die Deutung des Aszendenten ist auch dementsprechend, denn zunächst einmal wollen Ihre Anlagen (repräsentiert durch den Aszendenten) das gleiche wie das Tierkreiszeichen am Himmel, nämlich »aufgehen«. Wenn Sie also Aszendent Widder sind, dann strebt die durch dieses Zeichen symbolisierte Kraft danach, in Ihrem Leben aufzugehen und stärker zu werden. Sind Sie Aszendent Fische, dann versuchen sich Fischekräfte in Ihrem Leben bemerkbar zu machen. Man kann auch sagen, daß Ihr Aszendent mit zunehmendem Alter immer stärker wird. Manchmal ergänzen sich Aszendent und Tierkreiszeichen, zuweilen sind sie völlig entgegengesetzt. Entsprechend fällt es einem leichter oder schwerer, seinen Aszendenten zusammen mit seinem »Stern-« bzw. Sonnenzeichen in sein Leben zu integrieren.

## DIE ERMITTLUNG DES ASZENDENTEN

A Suchen Sie in Tabelle 1 Ihren Geburtstag, und tragen Sie die zugehörige Zahl in Feld 1 auf S. 75 ein
(zum Beispiel: 25. Mai ergibt 227).

B Multiplizieren Sie Ihre Geburtsstunde mit der Zahl 15
(0.00 Uhr ergibt 0; 10.00 Uhr ergibt 150; und 23.00 Uhr ergibt 345).
Tragen Sie die gefundene Zahl in Feld 2 auf Seite 75 ein.

C Teilen Sie Ihre Geburtsminute durch die Zahl 4
(0 Minuten ergibt 0; 10 Minuten ergibt 2,5; 40 Minuten ergibt 10).
Tragen Sie die gefundene Zahl in Feld 3 auf Seite 75 ein.

*Tabelle 1*

| | |
|---|---|
| 20. Mai | 222 |
| 21. Mai | 223 |
| 22. Mai | 224 |
| 23. Mai | 225 |
| 24. Mai | 226 |
| 25. Mai | 227 |
| 26. Mai | 228 |
| 27. Mai | 229 |
| 28. Mai | 230 |
| 29. Mai | 231 |
| 30. Mai | 232 |
| 31. Mai | 233 |
| 1. Juni | 234 |
| 2. Juni | 235 |
| 3. Juni | 236 |
| 4. Juni | 237 |
| 5. Juni | 238 |
| 6. Juni | 239 |
| 7. Juni | 240 |
| 8. Juni | 241 |
| 9. Juni | 242 |
| 10. Juni | 243 |
| 11. Juni | 244 |
| 12. Juni | 245 |
| 13. Juni | 246 |
| 14. Juni | 247 |
| 15. Juni | 248 |
| 16. Juni | 249 |
| 17. Juni | 250 |
| 18. Juni | 251 |
| 19. Juni | 252 |
| 20. Juni | 253 |
| 21. Juni | 254 |
| 22. Juni | 255 |

D Suchen Sie in der Landkarte den Abschnitt, in dem Ihr Geburtsort liegt, und tragen Sie die Ortszahl in Feld 4 auf Seite 75 ein (München ergibt 12, Berlin ergibt 13).

E Bilden Sie die Zwischensumme 1 aus Feld 1 bis 4.

F War bei Ihrer Geburt Sommerzeit? Dann muß die Zahl 15 abgezogen werden. Die Sommerzeiten in Deutschland, Österreich und der Schweiz finden Sie in der folgenden Tabelle auf Seite 73 bzw. 74.

G Bilden Sie die Zwischensumme 2. Ergibt sich eine Zahl von über 360, dann muß die Zahl 360 abgezogen werden.

H Bilden Sie die Summe 3.

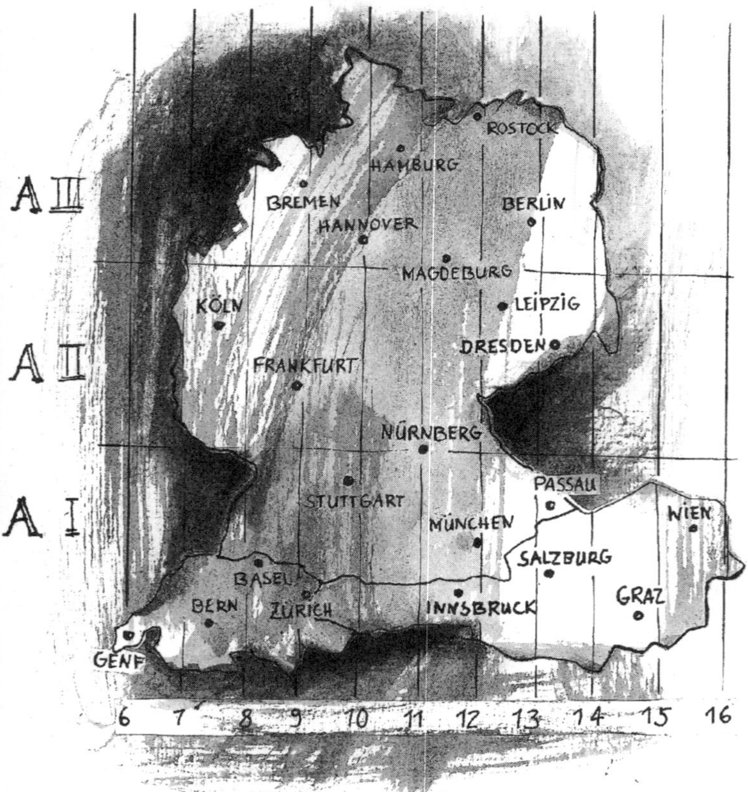
A III
A II
A I
ROSTOCK
HAMBURG
BREMEN
BERLIN
HANNOVER
MAGDEBURG
KÖLN
LEIPZIG
DRESDEN
FRANKFURT
NÜRNBERG
PASSAU
STUTTGART
WIEN
MÜNCHEN
SALZBURG
BASEL
BERN
ZÜRICH
INNSBRUCK
GRAZ
GENF
6 7 8 9 10 11 12 13 14 15 16

## Sommerzeiten in Deutschland und Österreich

| | |
|---|---|
| 1940 | 1. April bis 31. Dezember |
| 1941 | 1. Januar bis 31. Dezember |
| 1942 | 1. Januar bis 1. November |
| 1943 | 29. März bis 3. Oktober |
| 1944 | 3. April bis 1. Oktober |
| 1945 | 2. April bis 15. Oktober[1] |
| 1946 | 14. April bis 7. Oktober |
| 1947 | 6. April bis 5. Oktober[2] |
| 1948 | 18. April bis 2. Oktober |
| 1949 | 10. April bis 1. Oktober (D/sowj. bes. Zone bis 18. November) |
| 1980 | 6. April bis 27. September |
| 1981 | 29. März bis 26. September |
| 1982 | 28. März bis 25. September |
| 1983 | 27. März bis 24. September |
| 1984 | 25. März bis 29. September |
| 1985 | 31. März bis 28. September |
| 1986 | 30. März bis 27. September |
| 1987 | 29. März bis 26. September |
| 1988 | 27. März bis 24. September |
| 1989 | 26. März bis 23. September |
| 1990 | 25. März bis 29. September |
| 1991 | 31. März bis 28. September |
| 1992 | 29. März bis 26. September |
| 1993 | 28. März bis 25. September |
| 1994 | 27. März bis 24. September |
| 1995 | 26. März bis 23. September |
| 1996 | 31. März bis 26. Oktober |
| 1997 | 30. März bis 25. Oktober |
| 1998 | 29. März bis 24. Oktober |
| 1999 | 28. März bis 30. Oktober |
| 2000 | 26. März bis 28. Oktober |
| 2001 | 25. März bis 27. Oktober |
| 2002 | 31. März bis 27. Oktober |
| 2003 | 30. März bis 26. Oktober |

[1] Im sowjetisch besetzten Gebiet Deutschlands vom 24. Mai bis 24. September doppelte Sommerzeit (mitteleuropäische Zeit minus 2 Stunden). Wenn Sie davon betroffen sind, sollten Sie sich ein professionell erstelltes Horoskop anfertigen lassen (siehe Info am Ende dieses Buches).

[2] 1947: doppelte Sommerzeit. Siehe Anm. 1.

**Sommerzeiten in der Schweiz**

| | |
|---|---|
| **1941** | 5. Mai bis 6. Oktober |
| **1942** | 4. Mai bis 5. Oktober |

Ab **1981** wie Deutschland und Österreich

Bestimmen Sie in Tabelle 2 Ihren Aszendenten. Dabei müssen Sie noch unterscheiden, ob Ihr Geburtsort in Abschnitt AI, AII oder AIII der Landkarte liegt.

*Tabelle 2*

| AI | AII | AIII | Aszendent |
|---|---|---|---|
| 270–280 | 270–279 | 270–278 | Widder |
| 281–284 | 280–283 | 279–282 | Widder/Stier |
| 285–297 | 284–295 | 283–291 | Stier |
| 298–303 | 296–301 | 292–299 | Stier/Zwillinge |
| 304–321 | 302–319 | 300–313 | Zwillinge |
| 322–330 | 320–328 | 314–325 | Zwillinge/Krebs |
| 331–355 | 329–353 | 326–348 | Krebs |
| 356–7 | 354–5 | 349–3 | Krebs/Löwe |
| 8–35 | 6–34 | 4–31 | Löwe |
| 36– 48 | 35–47 | 32–46 | Löwe/Jungfrau |
| 49–77 | 48–76 | 47–75 | Jungfrau |
| 78–89 | 77–89 | 76–89 | Jungfrau/Waage |
| 90–117 | 90–118 | 90–119 | Waage |
| 118–130 | 119–131 | 120–132 | Waage/Skorpion |
| 131–158 | 132–160 | 133–164 | Skorpion |
| 159–171 | 161–173 | 165–175 | Skorpion/Schütze |
| 172–197 | 174–200 | 176–204 | Schütze |
| 198–208 | 201–210 | 205–213 | Schütze/Steinbock |
| 209–228 | 211–230 | 214–235 | Steinbock |
| 229–235 | 231–237 | 236–239 | Steinbock/Wassermann |
| 236–249 | 238–251 | 240–254 | Wassermann |
| 250–254 | 252–255 | 255–256 | Wassermann/Fische |
| 255–265 | 256–266 | 257–266 | Fische |
| 266–269 | 267–269 | 267–269 | Fische/Widder |

Wenn Ihr Aszendent auf ein doppeltes Zeichen (zum Beispiel Widder/Stier) fällt, ist es ratsam, sich Ihren Aszendenten genau bestimmen zu lassen (siehe Info am Schluß des Buches).

*Beispiel: Helga Mustermann, geb. am 27.5.1982 um 16.30 Uhr in Augsburg*

| | | | | |
|---|---|---|---|---|
| A | Feld 1 | Ihr Geburtsdatum ergibt die Tageszahl | 229 | |
| B | Feld 2 | Ihre Geburtsstunde ergibt die Stundenzahl | 240 | (16 mal 15) |
| C | Feld 3 | Ihre Geburtsminute ergibt die Minutenzahl | 7,5 | (30 durch 4) |
| D | Feld 4 | Ihr Geburtsort ergibt die Ortszahl | 11 | |
| E | Zwischensumme 1 | | 487,5 | |
| F | Sommerzeit (?) | (–15) ja | – 15 | |
| G | Zwischensumme 2 | | 472,5 | |
| | Über 360 (?) | (–360) ja | – 360 | |
| H | **Summe 3** | | **112,5** | |

Im Beispiel ist der Aszendent (112,5 in AI) Waage.

**Hier können Sie Ihren Aszendenten berechnen**

| | | | | |
|---|---|---|---|---|
| A | Feld 1 | Ihr Geburtsdatum ergibt die Tageszahl | | ______ |
| B | Feld 2 | Ihre Geburtsstunde ergibt die Stundenzahl | | ______ |
| C | Feld 3 | Ihre Geburtsminute ergibt die Minutenzahl | | ______ |
| D | Feld 4 | Ihr Geburtsort ergibt die Ortszahl | | ______ |
| E | Zwischensumme 1 | | | ______ |
| F | Sommerzeit (?) | | (–15) | ______ |
| G | Zwischensumme 2 | | | ______ |
| | Über 360 (?) | | (–360) | ______ |
| H | **Summe 3** | | | ______ |

Mein Aszendent lautet: ______________________

## DIE ASZENDENTEN DER ZWILLINGE

Wenn Sie Ihren Aszendenten ermittelt haben, können Sie nun im folgenden etwas darüber erfahren, was er über bestimmte Teilbereiche Ihrer Persönlichkeit aussagt (siehe auch die Vorbemerkung am Beginn von Teil II). Haben Sie ein doppeltes Zeichen errechnet, lesen Sie am besten nach, was über beide geschrieben steht – meistens erkennt man dann schon, welches das wahrscheinlichere ist. Sie können sich aber auch den Aszendenten bzw. ein ganzes Horoskop mit allen Gestirnskonstellationen errechnen lassen (siehe die Info am Ende dieses Buches).

### *Aszendent* WIDDER

**Vorteile** Direkt, spontan, dynamisch, durchsetzungsstark
**Nachteile** Ungeduldig, launisch
**Aszendentenherrscher** Mars

Darüber sollte kein Zweifel bestehen: Sie geben den Ton an, Sie treffen die Entscheidungen – und zwar blitzschnell. Gegenargumente interessieren Sie zunächst einmal herzlich wenig! Manche werden Sie daher gelegentlich »skrupellos« nennen, vielleicht sogar einen »Egoisten« ... Aber was soll man machen? Sie sind nun mal ein temperamentvoller Mensch! Außerdem treten Sie ja niemandem grundlos auf die Füße. Also warum sollten Sie auf Ihre spontane, direkte Art verzichten, nur weil Sie von Schlafmützen umringt sind? Man wird doch wohl noch sagen dürfen, was Sache ist ...! Sie behaupten ja auch nicht, daß Sie mit Ihrem Aszendenten Widder ins diplomatische Korps aufgenommen werden möchten oder eine Beamtenkarriere mit dem Prädikat »gute Führung« anstreben. Dafür sind Sie viel zu temperamentvoll und ungeduldig.
Ihre Qualitäten sind ganz anderer Natur: Überall da, wo Neues entsteht, wo expandiert wird, da haben Sie Ihre große Chance. Sie sind der Ausputzer, und das nicht nur auf dem Fußballfeld. Losstürmen, zupacken, durchgreifen – das können Sie wie kaum ein zweiter.
Obwohl nicht gerade feinfühlig, sind Sie trotzdem sehr beliebt. Im Grunde bleiben Sie ein herrlicher Kindskopf bis ins hohe Alter – sind aber auch mit Achtzig noch unfähig, Ihre Wut und Ungeduld in den Griff zu kriegen.

*Aszendenten-Check*

*Wie ergänzen sich Sonne und Aszendent?* Ihr Sonnenzeichen Zwillinge und Ihr Aszendentenzeichen Widder ergänzen sich großartig. Sie sind verbal sehr stark, und Sie haben eine herrliche und unkomplizierte »Hoppla jetzt komm' ich«-Mentalität, mit der Sie privat wie beruflich weit kommen werden. Denken Sie aber daran, Sie brauchen unbedingt Möglichkeiten, sich frei entwickeln und entfalten zu können.

## *Aszendent* STIER

**Vorteile** Solide, sachlich, praktisch, sinnlich
**Nachteile** Stur, inflexibel
**Aszendentenherrscher** Venus

Von Ihrer Aszendentenkraft her sind Sie ein Praktiker, der das Leben realistisch und mit Hilfe seiner fünf Sinne betrachtet. Wertvoll ist, was gut klingt, angenehm riecht und schmeckt, schön aussieht und sich anfassen läßt. Außerdem sind Sie hedonistisch, also bis in die Zehenspitzen genußorientiert, dabei aber nie leichtsinnig, flatterhaft oder unzuverlässig. Schnaps ist Schnaps, und Dienst ist Dienst! Und ohne Arbeit keine Kohle und ohne Kohle kein Vergnügen! Manche sehen in Ihnen deswegen nichts anderes als einen schnöden Materialisten, ohne zu erkennen, was Sie wirklich sind: Realist nämlich – und praktisch durch und durch, mit beiden Beinen fest auf der Erde.

Was Sie einmal als Ihr Eigentum deklariert haben, lassen Sie sich nur ungern wieder nehmen. Doch Sie sind kein knausriger Mensch; Sie sind durchaus bereit zu teilen, aber niemand darf Sie drängen!

Wenn Sie lieben, würden Sie sogar Ihr letztes Hemd verschenken. In derart rosaroter Stimmung wird aus Ihnen ein Philosoph, der nächtelang über Gott und die Welt räsoniert und sich vom wortkargen und nüchternen Pragmatiker zum redegewandten Charmeur mausert. Ihr Partner darf alles, bloß kein Asket sein – genausowenig aber auch kein lockeres Vögelchen, das Ihr geliebtes Geld zum Fenster rauswirft.

*Aszendenten-Check*

*Wie ergänzen sich Sonne und Aszendent?* Ihr Sonnenzeichen Zwillinge und Ihr Aszendentenzeichen Stier sind gegensätzlicher Natur. Sie sind skeptisch gegenüber Ideen, setzen auf praktische Vernunft und neigen dazu, alles, was nicht hieb- und stichfest ist, abzulehnen. Sie sollten lernen, Ihren eigenen Ideen mehr zu vertrauen und Anregungen und Kritik von geistigen Autoritäten anzunehmen.

*Wichtig für Sie: Wo steht Venus?* Siehe das Kapitel »Das Venushoroskop – Ihre Liebesfähigkeit«!

## *Aszendent* ZWILLINGE

**Vorteile** Gewandt, beredt, vielfältig, kommunikativ
**Nachteile** Zerstreut, unsicher
**Aszendentenherrscher** Merkur

Sie haben eine doppelte Zwillingenatur, weil Sie sowohl vom Sonnen- als auch vom Aszendentenzeichen her Zwillinge »sind«. Nun kommt es allerdings ganz darauf an, ob Sie vor oder nach dem Sonnenaufgang geboren wurden. Diese Unterscheidung ist in der Astrologie äußerst wichtig. Sie sollten sich daher ein sogenanntes Radixhoroskop erstellen lassen (siehe die Info am Ende dieses Buches), denn anhand eines solchen Geburtshoroskops läßt sich diese wichtige Frage entscheiden. Vielleicht finden Sie es aber auch beim weiteren Lesen heraus.
Wurden Sie vor oder genau bei Sonnenaufgang geboren, steht Ihre Sonne im ersten Haus. Dann sind Sie ein ungeheuer lebendiger, aktiver, wortgewandter Mensch, der gern Führungsaufgaben übernimmt. Für Sie trifft all das, was über Zwillingegeborene im ersten Teil des Buches geschrieben wurde, in besonderem Maße zu. Was Ihren Beruf anbelangt, sollten Sie unbedingt möglichst unabhängig arbeiten und danach streben, sich entweder selbständig zu machen oder in übergeordneter Position tätig zu sein.
Wurden Sie hingegen nach Sonnenaufgang geboren, sind Sie eher ein nachdenklicher, sensibler Mensch, der es nicht leicht hat, seine Zwillingeeigenschaften zu leben. Sie verfügen dafür über besondere mentale Begabungen, treffen den Zeitgeschmack und sind Ihrer Zeit häufig voraus. Durch unkonventionelles und schöpferisches Denken können Sie neue (berufliche) Wege einschlagen. Wichtig ist, daß Sie Ihr soziales Verantwortungsgefühl entwickeln, denn Sie sind ein Mensch, den es nicht glücklich macht, wenn er nur an sich selbst denkt: Sie haben anderen – der Gesellschaft als Ganzes – etwas zu geben.

*Aszendenten-Check*
*Wie ergänzen sich Sonne und Aszendent?* Sonnen- und Aszendentenzeichen sind gleich und verstärken sich gegenseitig.

## *Aszendent* KREBS

**Vorteile** Gefühlvoll, häuslich, sensibel, fürsorglich
**Nachteile** Launisch, abhängig
**Aszendentenherrscher** Mond

Sie sind ein bißchen rätselhaft und verlieren sich am liebsten in Ihrer eigenen oder anderer Leute Psyche. »Seelentaucher« könnte man Sie nennen ... Das Leibliche kommt deswegen aber noch lange nicht zu kurz. Sie sind ein Meister der Küche und würden sich, wenn Sie es drauf anlegten, allemal jede Menge »Kochlöffel« oder »-mützen« verdienen. Aber Sie sind auch scheu. Sie drängen nicht ins Rampenlicht. Über Ihre göttlichen Talente im Bett kann man nur munkeln. Wie kaum jemand anderes können Sie kindlich-ausgelassen albern sein. Aber Sie haben auch Ihre Launen. Wer die verstehen will, studiere zuerst Freuds Psychoanalyse, dann Dantes *Göttliche Komödie* und zum Schluß die hohe Kunst der Zen-Meditation.
In guten Zeiten sind Sie nämlich fröhlich, mit glänzenden Augen, extravertiert. Zwei Tage später vielleicht sind Sie wie verwandelt, stumm, scheu, abwesend, in sich gekehrt und zu wie eine Auster! Rätselhaft! Ein Mensch mit zwei Gesichtern! Und das alles, weil Sie wie kein anderes Tierkreiszeichen vom Mond abhängig sind. Beobachten Sie es einmal: Wird seine Sichel größer, wächst auch Ihr Selbstbewußtsein. Zieht sich der Mond zurück, leidet Ihr Nervenkostüm, die Empfindsamkeit wächst, und aus Angst, sich zu verletzen, ziehen Sie sich hinter Ihren Krebspanzer zurück.

*Aszendenten-Check*
*Wie ergänzen sich Sonne und Aszendent?* Ihr Sonnenzeichen Zwillinge und Ihr Aszendentenzeichen sind ausgesprochen konträr. Denn Sie haben sowohl eine besonders starke intellektuelle Veranlagung als auch ein intensives Gefühlsleben. Ihre Aufgabe in diesem Leben ist, die beiden Seiten miteinander in harmonischer Weise zu verbinden, das heißt, keine Seite zu negieren, aber auch keine zu stark zu betonen.

*Wichtig für Sie: Wo steht der Mond?* Siehe das Kapitel »Das Mondhoroskop – Ihre Gefühle«!

## *Aszendent* LÖWE

**Vorteile** Selbstbewußt, großzügig, herzlich, schöpferisch
**Nachteile** Stolz, träge
**Aszendentenherrscher** Sonne

Sie sind ein ganz besonderer Mensch. Sie gehen, sprechen, lächeln anders – nie unscheinbar, sondern immer mit Ausdruck. Ihr Geschmack ist untrüglich, und weil Sie nur das Echte und Ursprüngliche lieben, ist Ihr Leben ziemlich anspruchsvoll und teuer. Dazu kommt eine ungeheure Vitalität (ja, Sie können auch stinkfaul sein, aber das steht auf einem anderen Blatt).
Zurückhaltung, Bescheidenheit und Schamgefühl kommen in Ihrem Repertoire kaum vor. Sie sagen, was Sie denken, und tun, was Sie wollen – und damit basta! Kein Wunder, daß die anderen den Atem anhalten und Sie offen oder heimlich bewundern.
Gibt es allerdings Spannungen und Widersprüche, geben Sie rasch auf. Sie müssen in solchen Situationen verstehen, daß andere einen gewissen Respekt vor Ihnen haben: Sie werden es nicht so leicht wagen, Ihnen mit Forderungen oder gar Kritik zu nahe zu treten. Denn viele haben den Eindruck, daß Sie bei allem Humor und Großmut doch ziemlich abweisend sein können. Halten Sie darauf Ihr Augenmerk, machen Sie es anderen leichter, an Sie heranzukommen, damit Sie sich nicht – völlig unabsichtlich – selbst isolieren.
Wen Sie lieben, schließen Sie voll in Ihr Herz, aber sich einem Menschen zu unterwerfen empfinden Sie als Selbstaufgabe und Demütigung.

*Aszendenten-Check*
*Wie ergänzen sich Sonne und Aszendent?* Ihr Sonnenzeichen Zwillinge und Ihr Aszendentenzeichen Löwe ergänzen sich großartig. Sie werden immer Menschen finden, die Ihnen weiterhelfen. Umgekehrt sind Sie direkt dafür geboren, in einem Team der natürliche Anführer zu sein. Hierarchien sind Ihnen allerdings unangenehm, und auch wenn Sie selbst eine leitende Position innehaben, suchen Sie das Miteinander und kein Übereinander.

*Die Sonne ist die wichtigste Kraft in einem Horoskop*

## *Aszendent* JUNGFRAU

**Vorteile** Zuverlässig, ehrlich, sachlich, beschwingt
**Nachteile** Pessimistisch, kritisch
**Aszendentenherrscher** Merkur

Geistig fit und jung zu bleiben ist Ihnen sehr wichtig ... genauso wichtig wie ein ordentlicher Gefühlshaushalt. Von Verdrängungen und unausgesprochenen Emotionen halten Sie nämlich nichts – Sie wollen sich mit Ihren Gefühlen auseinandersetzen, darüber reden, um sich ein reines, unbeschwertes Wesen zu erhalten. Sie wissen, Sie schlafen dann besser. So lernen Sie von Kind auf, Ihre Wünsche allmählich in den Griff zu kriegen, wenn nötig, aufzuschieben, bis die Gelegenheit günstiger ist. Oder Sie streichen sie nach dem Motto »Was ich nicht weiß, macht mich nicht heiß« ganz von Ihrer Liste: eine äußerst pragmatische Einstellung.

Diese Vernunft, gepaart mit einer gewissen Nüchternheit, äußert sich auch bei anderen Gelegenheiten: In der Liebe zum Beispiel lodern die Flammen der Leidenschaft zwar durchaus heftig, aber Sie suchen auch ruhigere Freuden wie Freundschaft, Zuneigung, Zärtlichkeit, Fürsorge und Treue.

Anderen gegenüber sind Sie sehr kritisch. Als Entschuldigung läßt sich nur anführen, daß Sie mit sich selbst noch härter umspringen.

*Aszendenten-Check*

*Wie ergänzen sich Sonne und Aszendent?* Ihr Sonnenzeichen Zwillinge und Ihr Aszendentenzeichen Jungfrau ergänzen sich zwar, doch das Ergebnis ist nicht nur und automatisch positiv. Sie stellen nämlich sehr hohe Ansprüche an sich, sind aber zugleich ein Mensch, der Egoismus verachtet und sich selbst eher im Hintergrund hält. Das bringt Sie in Schwierigkeiten, weil Sie mehr wollen, als Sie zu leisten bereit sind. Lernen Sie, Ihre Ansprüche allmählich aufzubauen, und versuchen Sie, sich selbst mehr zu lieben. Ein anderes Problem ist Ihre Neigung, der Gefühlswelt einen geringeren Rang im Vergleich zur Verstandeswelt einzuräumen. Lernen Sie hier von Menschen, die sehr gefühlvoll sind!

## *Aszendent* WAAGE

**Vorteile** Anmutig, charmant, stilvoll, neutral
**Nachteile** Abhängig, unecht
**Aszendentenherrscher** Venus

Mit Ihrer entgegenkommenden, freundlichen Art gelingt es Ihnen schnell, Kontakt zu anderen zu finden, und Sie wissen sofort, was Ihre Mitmenschen möchten. Bei Ihnen selbst blicken Sie allerdings weniger gut durch. Spontane Entscheidungen fallen Ihnen besonders schwer. Sie müssen alles genau abwägen, und häufig entscheiden dann andere für Sie.

Das ist auch in Partnerschaften der Fall. Wenn Sie am Anfang einer Liebe stehen, mag das noch angehen, aber auch dann, wenn eine Beziehung zu Ende geht, treffen eher Ihre Partner die Entscheidung, obwohl Sie in Wirklichkeit längst mit dem Gedanken einer Trennung gespielt haben.

Kreativität ist Ihnen angeboren. Sie haben Geschmack, Stil und tolle Einfälle. Der Nachteil: Alltagsroutine fällt Ihnen schwer. Am liebsten würden Sie immer nur schwelgen, lieben, die Welt verschönern ... Und zwar nicht nur äußerlich, sondern auch atmosphärisch. Sie sind bemüht, harte Kontraste und kantige Widersprüche in Ihrer Umgebung nach Möglichkeit zu vermeiden. Unter Freunden, in einer Partnerschaft oder Familie genauso wie in einem Arbeitsteam sorgen Sie für eine angenehme, heitere und entspannte Atmosphäre.

Das ist großartig, wenn es darum geht, Konflikte zu vermeiden oder Streithansel zu versöhnen. Aber es kann auch des Guten zuviel werden, nämlich dann, wenn Sie Unstimmigkeiten grundsätzlich aus dem Weg gehen. Lernen Sie, daß ein gewisses Maß an Streit und Auseinandersetzungen zu einem erfüllten Leben gehören!

*Aszendenten-Check*

*Wie ergänzen sich Sonne und Aszendent?* Ihr Sonnenzeichen Zwillinge und Ihr Aszendentenzeichen Waage passen beinahe zu gut zusammen. Ihr Einfallsreichtum wird nämlich so groß sein, daß Sie gelegentlich aufpassen müssen, sich nicht zu verlieren ...

*Wichtig für Sie: Wo steht Venus?* Siehe das Kapitel »Das Venushoroskop – Ihre Liebesfähigkeit«!

## *Aszendent* SKORPION

**Vorteile** Furchtlos, unergründlich, leidenschaftlich
**Nachteile** Mißtrauisch, starr
**Aszendentenherrscher** Pluto

Nach außen hin pflegen Sie den Kult des geheimnisvollen Unbekannten: Keiner soll wissen, wie's in Ihrem Inneren aussieht. Sie selbst allerdings lesen in anderen wie in einem offenen Buch: Sie haben den Röntgenblick und einen »körpereigenen Lügendetektor« noch dazu. Gnadenlos decken Sie auf, wo immer mit gezinkten Karten gespielt wird, und legen, wenn's sein muß, den Finger genau in die offene Wunde. Stets sind Sie auf der Suche nach dem Echten und Wahren und weisen alles Künstliche und Oberflächliche kompromißlos ab.
Allerdings gibt es bekanntlich immer mehrere Wahrheiten – und hier beginnt das Problem: Sie neigen nämlich dazu, Ihre Meinung (oder diejenige, der Sie sich angeschlossen haben) zur alleinseligmachenden zu erklären. Sie müssen lernen, von einseitigen Vorstellungen loszukommen.
Ihr Lebensstil wird weniger von äußerlicher Bequemlichkeit geprägt als von Entschlossenheit und Konsequenz. Sie brauchen daher Herausforderungen. Es ist sogar so, daß Sie um so mehr leisten, je größer Ihre Aufgaben sind.

*Aszendenten-Check*

*Wie ergänzen sich Sonne und Aszendent?* Ihr Sonnen- und Ihr Aszendentenzeichen sind sehr verschieden, was zu Spannungen führt. Aber Probleme machen Ihnen nicht nur zu schaffen, sondern sie bringen Sie auch weiter – und das ist Ihnen um so wichtiger, je älter Sie werden. Am schwierigsten ist es, damit fertig zu werden, daß Sie sowohl eine tiefe Bindung wünschen als auch frei und unabhängig bleiben wollen.

## *Aszendent* SCHÜTZE

**Vorteile** Optimistisch, aufgeschlossen, mitreißend, jovial
**Nachteile** Unrealistisch, leichtgläubig
**Aszendentenherrscher** Jupiter

Ihr Leben ist eine fortwährende Suche nach Abwechslung und Überraschung, Änderung und Verwandlung: Es gibt für Sie keine größere Horrorvorstellung als die Aussicht, daß alles so bleibt, wie es ist. Als Maßnahme gegen die Langeweile stürzen Sie sich ins Abenteuer, treiben exzessiven Sport, fahren schnelle Autos und verbringen Ihren Urlaub abseits jeder touristischen Trampelroute. Streß und Improvisation sind die Motoren, die Sie antreiben und zu Höchstleistungen trimmen. Karriere machen Sie daher bestimmt nicht dort, wo Routine das Wichtigste ist.
Parallel zu draußen ist auch drinnen Action angesagt: Sie kennen die Macht der Phantasie und zaubern daraus wie aus einer magischen Wundertüte immer wieder etwas Neues, Buntes hervor.
Ihr Auftreten ist dynamisch. Ausstrahlung braucht der erfolgreiche Mensch, Faszination, Charisma, Sex-Appeal! Und Sie strotzen von alledem! Wer es sich grundlegend mit Ihnen verderben will, braucht nur die Unwahrheit zu sagen. Lügen verachten Sie. Man darf von Ihnen auch nicht erwarten, daß Sie Ihre aufrichtige Meinung verbergen. Sie sagen, was Sie denken, und verärgern damit oft andere.

*Aszendenten-Check*
*Wie ergänzen sich Sonne und Aszendent?* Sie haben beides, Inspiration und einen gesunden Menschenverstand. Aber Sie brauchen Ziele, die Sie begeistern, und Menschen, die Sie begeistern können. Ihren Hang zu Autoritätskonflikten müssen Sie einfach überwinden, wenn Sie die großen Aufgaben, die Sie sich vorgenommen haben, meistern wollen.

*Wichtig für Sie: Wo steht Jupiter?* Siehe das Kapitel »Das Jupiterhoroskop ...«!

## *Aszendent* STEINBOCK

**Vorteile** Sachlich, objektiv, gerecht, zäh
**Nachteile** Hart, kalt
**Aszendentenherrscher** Saturn

Sie sind ein Mensch für den zweiten Blick, nicht besonders auffällig oder selbstbewußt, auch nicht unbedingt umwerfend charmant. Aber Sie sind entschlossen, zäh und willensstark. So wie die richtigen Steinböcke in den Bergen für ein Leben droben unterm Gipfel geschaffen sind, gehören auch Sie hinauf – und werden dort eines Tages landen. Auf jeden Fall haben Sie die richtigen Voraussetzungen für einen Gipfelsturm: Sie sind genügsam, zäh und ausdauernd.
Ihre berufliche Ausgangslage ist also bestens. Sie sind dafür prädestiniert, Verantwortung zu übernehmen, andere zu führen und ihnen ein Vorbild zu sein. Weil Sie die Dinge »von oben herab« betrachten, vertreten Sie ein übergeordnetes Prinzip, das Sie zum Wohle aller einzusetzen in der Lage sind. In der Organisation und Verwaltung leisten Sie Hervorragendes.
Doch alles hat seinen Preis. Weil Sie für einen harten Lebenskampf gerüstet sind, ist Ihr Gefühlsleben entsprechend spärlich. Sie haben in aller Regel schon früh erfahren, daß das mit den Gefühlen so eine Sache ist, daß sie verletzlich und hilflos machen ... Also besser, man zeigt sie nicht. Daraus wurde mit der Zeit eine Gewohnheit.

*Aszendenten-Check*
*Wie ergänzen sich Sonne und Aszendent?* Ihr Sonnenzeichen Zwillinge und Ihr Aszendentenzeichen Steinbock verkörpern völlig entgegengesetzte Kräfte. Infolge Ihres Zwillingenaturells suchen Sie Kontakt, Leichtigkeit und Zerstreuung. Ihre Steinbockveranlagung jedoch setzt Sie unter Druck, vorsichtig, kritisch und distanziert vorzugehen. Dieser Widerspruch kann dazu führen, daß Sie sich und anderen gegenüber sehr hart sind, was Schwächen und Fehler betrifft. Im Lauf Ihres Lebens wird aus dem »Entweder-Oder« allerdings ein »Und« bzw. ein »Sowohl-als-auch«. Sie werden das Kunststück vollbringen, Leichtigkeit und Schwere, Muse und Alltag miteinander zu verbinden.

## *Aszendent* WASSERMANN

**Vorteile** Human, frei, unkonventionell, erfinderisch
**Nachteile** Abgehoben, nervös
**Aszendentenherrscher** Uranus

Sie haben die richtige Mischung aus kühler Vernunft, exzentrischen Angewohnheiten und schöpferischer Phantasie. Virtuos beherrschen Sie die feinsten gesellschaftlichen Umgangsformen und verachten dennoch jede Regel. Ihr bestbehütetes Gut ist Ihre Unabhängigkeit. Um sie zu retten, opfern Sie auch mal eine sichere, aber sterbenslangweilige Karriere als Beamter oder Angestellter im öffentlichen Dienst. Routine, Arbeit nach Vorschrift und Vorgesetzte, die Ihnen wie Geier aufs Aas auf die Finger starren, bedeuten das Aus für Ihr sprühendes Temperament.

Ihr Charakter zeigt eine gewisse Ähnlichkeit mit »Luft«. So sind Sie vom Wesen her sehr transparent und offenbaren sich leicht anderen Menschen. Und Sie lassen sich auch nur schwer greifen und begreifen und lösen sich wie Luft auf, wenn man Sie einmal wirklich packen möchte. Gefühle und Leidenschaften sind Ihnen vertraut. Aber diese berühren Sie niemals heftig und tief. Daher erfreuen Sie sich auch im Regelfall einer inneren Harmonie und Gelassenheit. Ihr Temperament ist eher fröhlich, heiter – sanguinisch.

*Aszendenten-Check*

*Wie ergänzen sich Sonne und Aszendent?* Ihr Sonnenzeichen Zwillinge und Ihr Aszendentenzeichen Wassermann sind bestens aufeinander eingestimmt und verschaffen Ihnen kreative Höhenflüge. Am Bodenkontakt mangelt es zuweilen. Mißtrauen Sie Menschen, die Sie bremsen. Aber suchen und achten Sie solche, die Ihnen dabei helfen können, Ihren Träumen Hand und Fuß zu verschaffen!

## *Aszendent* FISCHE

**Vorteile** Geheimnisvoll, intuitiv, sensibel, verständnisvoll
**Nachteile** Unsicher, unrealistisch
**Aszendentenherrscher** Neptun

Sie sind ein ewiges Rätsel! Naiv wie ein Kind, mysteriös wie eine Sphinx – mal messerscharf denkend, ja fast schon genial, dann wieder völlig abwesend, träumend, zerstreut, unfähig, die einfachsten Dinge auf die Reihe zu bringen. Gewöhnungsbedürftig für alle, die mit Ihnen leben, sind die Phasen, in denen Sie im Chaos versinken, sich gehenlassen und vernachlässigen.
Am erstaunlichsten ist Ihre Intuition – Ihre fast schon übersinnlichen Fähigkeiten: als könnten Sie Gedanken lesen, in die Zukunft blicken und hellsehen. Als Frau sind Sie noch eine Spur mysteriöser, obwohl Sie als Mann natürlich ebenfalls diesen »Faktor X« besitzen, ihn aber lieber vor der Öffentlichkeit verbergen. Auf der anderen Seite lassen Sie auch kaum ein Fettnäpfchen aus: Wenn's darum geht, sich so richtig schön danebenzubenehmen, kann Ihnen keiner das Wasser reichen! Auch das ist ein Grund, warum Sie sich oft so einsam und unverstanden fühlen: »Keiner liebt mich, keiner versteht mich ...« – ist das nicht Ihr Lieblingsvorwurf gegenüber dem Rest der Welt? Irgendwann werden Sie verstehen, warum Sie häufig allein sind: weil Sie so am glücklichsten sind! Das heißt jetzt nicht, daß Sie ins Kloster oder ins Himalajagebirge gehören. Im Gegenteil! Sie sind eine derartig schillernde und reizende Person, daß es nichts Schöneres gibt, als mit Ihnen den ewigen Reigen der Wassernymphen und Faune zu tanzen: locken, sich fangen lassen, entkommen, lachen und davonlaufen ...

*Aszendenten-Check*
*Wie ergänzen sich Sonne und Aszendent?* Ihre Doppelnatur als Zwillinge ist besonders ausgeprägt und führt zuweilen zu regelrechtem Gespaltensein bzw. einem Doppelleben. Kunst, Muse und die Suche nach der Wahrheit sind am ehesten Brücken, die beide Seiten miteinander vereinen.

# *Das Mondhoroskop –* IHRE GEFÜHLE

Im folgenden Kapitel geht es darum, in welchem Zeichen der Mond zum Zeitpunkt Ihrer Geburt stand. Denn der Mond ist in der Astrologie neben der Sonne das bedeutsamste Gestirn.

*Mondzeichen*

**Der Mond**

*»Au clair de la lune,*
*mon ami Pierrot,*
*prête-moi ta plume,*
*pour écrire un mot.*
*Ma chandelle est morte,*
*je n'ai plus de feu.*
*Ouvre-moi ta porte*
*pour l'amour de Dieu.«*

*Im Schein des Mondes,*
*mein Freund Pierrot,*
*leih mir deine Feder,*
*um ein Wort zu schreiben.*
*Meine Kerze ist aus,*
*ich habe kein Feuer mehr.*
*Öffne mir deine Türe*
*um der Liebe Gottes willen.*

Französisches Volkslied

In einem Schöpfungsmythos heißt es, der Mond sei ein Kind der Erde. Ein anderer beschreibt ihn als Teil unseres Planeten, den dieser aus sich herausgerissen und in den Himmel geschleudert habe, um damit Raum für das Wasser der großen Ozeane zu schaffen: Und dieses Wasser brachte der Erde Fruchtbarkeit. Zu letzterer Geschichte würde passen, daß das Volumen des Mondes, großzügig bemessen, etwa so groß ist wie der Raum, den alle Meere zusammen einnehmen. Doch schon die frühesten Analysen von Mondgestein ergaben, daß Mond und Erde wegen des signifikanten Unterschieds der Beschaffenheit eine andere Entstehungsgeschichte haben müssen.
In allen Mythen, Geschichten und Erzählungen über den Mond wird er als weiblich, die Sonne hingegen als männlich gesehen. In den romanischen Sprachen setzt sich diese Tradition im grammatischen Geschlecht fort: So heißen Mond und Sonne beispielsweise im Italienischen *la luna* und *il sole* und im Französischen *la lune* und *le soleil.*
Von einem Vollmond bis zum nächsten verstreichen 28 Tage. Genauso lange dauert der Zyklus einer Frau. Schon dadurch ist die Beziehung zwischen Weiblichkeit und Mond überdeutlich: Die Sonne wird mit dem Männlichen assoziiert, der Mond mit dem Weiblichen.

| **Sonne** | **Mond** |
|---|---|
| männlich | weiblich |
| Vater | Mutter |
| direkt | indirekt |
| ausstrahlend | empfangend |
| Verstand | Gefühl |
| aktiv | passiv |
| bestimmend | sorgend |
| logisch | intuitiv |

Auch in der Astrologie verkörpert die Sonne zunächst einmal den Mann und der Mond die Frau. Die Frau ist ihrem Mond näher als ihrer Sonne.

Nehmen wir als Beispiel eine Dame mit der Sonne im Widder (also dem Tierkreiszeichen Widder) und dem Mond im Krebs. Sie wird sich nicht richtig verstanden fühlen, wenn sie in einem Astrologiebuch über ihr Tierkreiszeichen Widder liest, sie sei dynamisch, rücksichtslos, spontan, selbstsicher. Erfährt sie jedoch dann, was über den Mond im Krebs geschrieben steht – gefühlvoll, häuslich, anhänglich, fürsorglich –, wird sie sich sofort wiedererkennen. Mit anderen Worten: Eine Frau müßte eigentlich bei ihrem Mondzeichen nachlesen und nicht bei ihrem Sonnen- bzw. Tierkreiszeichen. Die gängige Astrologie ist offenbar stark am Mann orientiert: Ein Sonnen- oder Tierkreiszeichen-Horoskop findet man beinahe in jeder Zeitung, das Mondzeichen-Horoskop hingegen in kaum einer einzigen – was aber natürlich auch daran liegen dürfte, daß das Mondzeichen für den Leser schwieriger als das Sonnenzeichen zu ermitteln ist.

Je eher eine Frau jedoch ihre traditionelle Rolle verändert, nicht mehr nur Mutter und Hausfrau ist, sondern »ihren Mann steht«, um so mehr wird sie auch ihre Sonne leben. Allerdings wäre es jetzt wiederum völlig falsch, ihren Mond unberücksichtigt zu lassen.

Eine bewußte und emanzipierte Frau schöpft idealerweise aus Sonne und Mond: Führungsaufgaben, die von Männern in der Regel hierarchisch-gebieterisch gelöst werden, gehen Frauen meist anders an – sie lassen mehr Nähe (Mond) zu und können ihre Mitarbeiter dadurch viel besser motivieren. Auch bei Entscheidungen sind Frauen, die sowohl Logik (Sonne) als auch Intuition (Mond) zulassen können, Männern – wenn letztere sich denn nur »nach der Sonne richten« – um ein beträchtliches überlegen.

Sind bei einer Tätigkeit die dem Mond zugeschriebenen Eigenschaften beteiligt, fühlt man sich wohl, zu Hause, geborgen, mit sich stimmig. Darüber hinaus gibt es viele Bereiche, in denen mit Gefühl, Intuition, Geschmack, Ahnung, Atmosphäre und Stimmigkeit besser und erfolgreicher gearbeitet werden kann. Man denke nur an Kunst, Politik und das Heilen. Aber auch in der Wirtschaft müssen immer wieder Entscheidungen getroffen werden, bei denen man nichts in der Hand hat als eben ein gutes bzw. ein schlechtes Gefühl.

## DIE ERMITTLUNG DES MONDZEICHENS

Um »Ihren persönlichen Mond« zu finden, gehen Sie nach der folgenden Beschreibung vor:

A Entnehmen Sie Ihre Jahres-Monatszahl der *Tabelle 1*:

| Jahr* | Mai | Juni | Jahr | Mai | Juni | Jahr | Mai | Juni |
|---|---|---|---|---|---|---|---|---|
| 1920 | 202 | 248 | 1948 | 314 | 358 | 1976 | 63 | 110 |
| 1921 | 325 | 10 | 1949 | 76 | 126 | 1977 | 191 | 245 |
| 1922 | 91 | 153 | 1950 | 209 | 263 | 1978 | 331 | 22 |
| 1923 | 227 | 280 | 1951 | 347 | 35 | 1979 | 100 | 145 |
| 1924 | 13 | 59 | 1952 | 124 | 167 | 1980 | 243 | 282 |
| 1925 | 129 | 179 | 1953 | 247 | 297 | 1981 | 2 | 55 |
| 1926 | 262 | 315 | 1954 | 29 | 73 | 1982 | 142 | 192 |
| 1927 | 38 | 90 | 1955 | 158 | 205 | 1983 | 270 | 314 |
| 1928 | 184 | 229 | 1956 | 293 | 337 | 1984 | 45 | 93 |
| 1929 | 304 | 350 | 1957 | 58 | 109 | 1985 | 173 | 226 |
| 1930 | 74 | 127 | 1958 | 190 | 244 | 1986 | 315 | 4 |
| 1931 | 208 | 261 | 1959 | 330 | 16 | 1987 | 80 | 124 |
| 1932 | 355 | 38 | 1960 | 103 | 147 | 1988 | 216 | 264 |
| 1933 | 114 | 160 | 1961 | 229 | 280 | 1989 | 344 | 38 |
| 1934 | 245 | 299 | 1962 | 2 | 55 | 1990 | 126 | 174 |
| 1935 | 20 | 72 | 1963 | 140 | 186 | 1991 | 250 | 294 |
| 1936 | 165 | 209 | 1964 | 273 | 317 | 1992 | 26 | 75 |
| 1937 | 285 | 331 | 1965 | 40 | 92 | 1993 | 156 | 210 |
| 1938 | 56 | 110 | 1966 | 174 | 227 | 1994 | 297 | 344 |
| 1939 | 191 | 242 | 1967 | 311 | 356 | 1995 | 60 | 104 |
| 1940 | 335 | 19 | 1968 | 83 | 129 | 1996 | 195 | 245 |
| 1941 | 95 | 142 | 1969 | 210 | 263 | 1997 | 328 | 22 |
| 1942 | 227 | 281 | 1970 | 347 | 38 | 1998 | 107 | 154 |
| 1943 | 3 | 53 | 1971 | 121 | 156 | 1999 | 230 | 275 |
| 1944 | 145 | 188 | 1972 | 254 | 300 | 2000 | 6 | 55 |
| 1945 | 266 | 314 | 1973 | 21 | 74 | 2001 | 142 | 195 |
| 1946 | 38 | 91 | 1974 | 158 | 210 | 2002 | 278 | 324 |
| 1947 | 175 | 224 | 1975 | 290 | 335 | 2003 | 41 | 85 |

B Entnehmen Sie Ihre Tageszahl aus *Tabelle 2*:

| Tag | Zahl | Tag | Zahl | Tag | Zahl |
|---|---|---|---|---|---|
| 1. | 0 | 11. | 132 | 21. | 265 |
| 2. | 13 | 12. | 145 | 22. | 278 |
| 3. | 26 | 13. | 159 | 23. | 291 |
| 4. | 40 | 14. | 172 | 24. | 304 |
| 5. | 53 | 15. | 185 | 25. | 317 |
| 6. | 66 | 16. | 199 | 26. | 331 |
| 7. | 79 | 17. | 212 | 27. | 344 |
| 8. | 92 | 18. | 225 | 28. | 357 |
| 9. | 105 | 19. | 238 | 29. | 11 |
| 10. | 119 | 20. | 252 | 30. | 24 |
| | | | | 31. | 37 |

C Entnehmen Sie die Stundenzahl aus *Tabelle 3*:

| Geboren um | Punkte | Geboren um | Punkte |
|---|---|---|---|
| 0–2 Uhr | –6 | 12–14 Uhr | +1 |
| 2–4 Uhr | –5 | 14–16 Uhr | +2 |
| 4–6 Uhr | –4 | 16–18 Uhr | +3 |
| 6–8 Uhr | –3 | 18–20 Uhr | +4 |
| 8–10 Uhr | –2 | 20–22 Uhr | +5 |
| 10–12 Uhr | –1 | 22–24 Uhr | +6 |

Ohne Geburtszeit beträgt die Stundenzahl 0.

* Sämtliche Planetentabellen beginnen mit dem Jahr 1920. Das bedeutet jedoch in gar keiner Weise, daß ältere Leser nicht angesprochen werden sollten. Aber irgendwo muß einfach ein Schnitt gezogen werden. Älteren Lesern wird empfohlen, sich ihre Planetenpositionen anhand eines Geburtshoroskops berechnen zu lassen (siehe Info am Ende dieses Buches).

*Beispiel: Geburtstag am 27. Mai 1946, -zeit 15.00 Uhr:*

| | | |
|---|---|---|
| A Jahres-Monatszahl | | 38 |
| B Tageszahl | | 344 |
| C Stundenzahl | | 2 |
| Summe | | 384 |
| wenn über | 360 (–360) | 360 |
| **Summe total** | | **24** |

Das Mondzeichen lautet Widder/Stier. Für dieses Beispiel kommen also die Texte »Mond im Widder« und »Mond im Stier« in Frage. Ergibt sich wie hier ein doppeltes Mondzeichen, können beide Textabschnitte richtig sein.

Hier können Sie Ihren persönlichen Mond bestimmen:

| | | |
|---|---|---|
| A Jahres-Monatszahl | | 103 |
| B Tageszahl | | 119 |
| C Stundenzahl | + | 6 |
| Summe | | 228 |
| wenn über | 360 (–360) | |
| **Summe total** | | 228 |

**Die Auswertung:**

| Total | Mond im Zeichen |
|---|---|
| 9–20 | Widder |
| 21–38 | Widder/Stier |
| 39–50 | Stier |
| 51–68 | Stier/Zwillinge |
| 69–80 | Zwillinge |
| 81–98 | Zwillinge/Krebs |
| 99–110 | Krebs |
| 111–128 | Krebs/Löwe |
| 129–140 | Löwe |
| 141–158 | Löwe/Jungfrau |
| 159–170 | Jungfrau |
| 171–188 | Jungfrau/Waage |
| 189–200 | Waage |
| 201–218 | Waage/Skorpion |
| 219–230 | Skorpion |
| 234–248 | Skorpion/Schütze |
| 249–260 | Schütze |
| 261–278 | Schütze/Steinbock |
| 279–290 | Steinbock |
| 291–308 | Steinbock/Wasserm. |
| 309–320 | Wassermann |
| 321–338 | Wassermann/Fische |
| 339–350 | Fische |
| 351–8 | Fische/Widder |

Ihr persönliches Mondzeichen lautet SKORPION

## DIE MONDZEICHEN DER ZWILLINGE

Wenn Sie Ihr Mondzeichen herausgefunden haben, können Sie nun ähnlich wie beim Aszendenten im folgenden etwas darüber erfahren, was es über Ihre Persönlichkeit aussagt (siehe auch die Vorbemerkung am Beginn von Teil II dieses Buches). Haben Sie ein doppeltes Zeichen ermittelt, lesen Sie wieder am besten nach, was über beide Zeichen geschrieben steht – Sie erkennen dann wie gesagt sicher schon, welches das zutreffendere ist. Im Zweifelsfall können Sie sich aber auch ein genaues Horoskop errechnen lassen (siehe Info am Ende des Buches).

### *Mond im Widder* – FEURIG

**Mondstärken** Gern etwas unternehmen. Direktheit, Selbständigkeit, Ichhaftigkeit. Suche nach eigenständiger Wirksphäre. Intensives Phantasieleben. Musikalische oder bildnerische Begabung. Unkonventionelle berufliche Wege einschlagen. Ideenträger sein. Erspüren von Macht
**Mondschwächen** Aggressivität, Spannung

Sie sind ein außergewöhnlich reizender Mensch, wirken jung, unschuldig, unkompliziert, und ein entwaffnender Charme nimmt Ihrem Angriff jeden Stachel. Sie äußern sich sofort, wenn Ihnen etwas nicht paßt. Diplomatie zählt nicht zu Ihren Stärken. Sie geben sich unverstellt und haben Ihr Herz am rechten Fleck. Sie können aber auch, und das erstaunt bei Ihnen, sehr empfindlich sein. Versucht man, Ihre Angriffe zu parieren, reagieren Sie mit so großer Betroffenheit, daß man seine eigene Rage schnell wieder vergißt. Am schlechtesten ertragen Sie, wenn Sie übersehen werden: Ohne Erfolgserlebnisse wandeln Sie sich trotz Ihres feurigen Widdermonds in ein Lamm, das resigniert auf bessere Zeiten wartet.

*Ihre Liebesfähigkeit:* Wer Sie liebt, lebt im siebten Himmel oder in der zehnten Hölle. Andere Varianten des Daseins gibt es für Sie kaum. Mit Ihnen kann man reisen, jeden Sport treiben und jederzeit ein gemeinsames Geschäft eröffnen. Eine Person, die zu Hause geduldig auf ihren Allerliebsten wartet, sind Sie aber gewiß nicht.

*Mond-Check*

*Wie weiblich macht mich mein Mond?* Nicht besonders stark. Widder ist ein sehr männliches Zeichen.
*Wie mütterlich macht mich mein Mond?* Sie sind der Typ »Kumpel zum Pferdestehlen«, aber kein ausgeprägter Muttertyp.
*Wie gefühlvoll macht mich mein Mond?* Sie sind sehr feurig.
Aber das bedeutet nicht, daß Sie besonders gefühlvoll sind.
*Wie intuitiv macht mich mein Mond?* Sie haben starke Ahnungen und Wahrträume.

## *Mond im Stier* – ERDIG

**Mondstärken** Gern leben und genießen. Gefestigtes Gefühlsleben. Naturliebe. Musikalität (besonders Gesang). Sammelleidenschaft. Gutmütigkeit. Häuslichkeit. Geschmack. Praktische Begabung. Fühlen, was Sache ist. »Geld riechen«
**Mondschwächen** Antriebsarmut. Materialismus

Sie stehen mit beiden Füßen fest auf Mutter Erde, aber nur dort, wo etwas gedeiht. Sie handeln und denken praktisch und verlieren nie den finanziellen Aspekt aus den Augen. Über Geldmangel brauchen Sie jedenfalls nicht zu klagen. Denn wer den Mond im Stier hat, den beschenken auch die Sterne. Zudem sind Sie eine äußerst sinnliche Person. Und mit diesem Potential glänzen Sie nicht nur in der Liebe. Sie können beispielsweise phantastisch kochen.

*Ihre Liebesfähigkeit:* Eine hervorstechende Eigenschaft ist Ihr Mut. Sie folgen einem Partner in die Antarktis oder heiraten einen Zirkusartisten. Ausgefallenes oder Skurriles weckt Ihr Interesse und nicht selten Ihre Leidenschaft. Sie suchen einen richtigen Partner, weil Sie wissen, daß Sie auch allein leben könnten. Im anderen Lager stehen Sie daher hoch im Kurs. Sie beschwören einerseits den Traum von himmlischer Liebe, entsprechen aber gleichzeitig dem Wunsch nach einem sehr bodenständigen, praktischen Partner. Im Umgang mit Ihnen zählt Respekt. Auf Achtlosigkeit reagieren Sie zunächst höflich, dann kalt, und schließlich schwören Sie Rache – und führen sie aus.

*Mond-Check*
*Wie weiblich macht mich mein Mond?* Sie sind sehr weiblich; beinahe so etwas wie der Inbegriff von Weiblichkeit (so Sie eine Frau sind).
*Wie mütterlich macht mich mein Mond?* Sie haben gern Kinder und Familie.
*Wie gefühlvoll macht mich mein Mond?* Sie besitzen ein sehr natürliches und selbstverständliches Gefühlsleben.
*Wie intuitiv macht mich mein Mond?* Sie sind allen Geschöpfen der Natur sehr nah und beziehen aus der Natur Kraft und Intuition.

## *Mond in den Zwillingen* – HEITER

**Mondstärken** Gern reden und kontaktieren. Vielseitigkeit, Ausdrucksfähigkeit, Kontakt- und Kommunikationsfreude. Schriftstellerische Begabung. Leichten Zugang zum Seelischen. Andere Menschen intuitiv erfassen. Sich gut darstellen können. Andere überzeugen können
**Mondschwächen** Oberflächlichkeit. Manipulation. Enttäuschungen

Mit Ihrem Zwillingemond sind Sie ein heiterer, fröhlicher Mensch, der sein Gefühlsleben prima im Griff hat. Besondere Talente besitzen Sie darin, andere zu unterhalten und zwischen Menschen zu vermitteln. Sie werden daher gern von solchen aufgesucht, die allein sind. Über Ihre Gefühle zu reden macht Ihnen keinerlei Probleme. Mit Unausgesprochenem, Erfühltem und Erahntem können Sie wenig anfangen. Das hilft Ihnen zwar, einen klaren Kopf zu bewahren. Aber es entgeht Ihnen auch etwas, nämlich die schöne Erfahrung, sich in Zusammenhänge eingebunden zu erleben, die den eigenen Verstand übersteigen. Sich einfach einmal von den Wogen der Gefühle mitreißen zu lassen und sich ihnen hinzugeben, das sollten Sie ausprobieren.

*Ihre Liebesfähigkeit:* Auch die Liebe nehmen Sie wie Ihr Leben: leicht und bunt und bar aller Ernsthaftigkeit. Einem Schmetterling gleich flattern Sie von einem Höhepunkt zum nächsten und, wenn sich die Gelegenheit ergibt, auch mal von einem Partner zum anderen. Ihre Unabhängigkeit ist Ihnen so wichtig, daß Sie lieber allein leben, als in einer engen Zweierbeziehung zu ertrinken (wie Sie es nennen). Sie brauchen Ihre Freiheit.

*Mond-Check*

*Wie weiblich macht mich mein Mond?* Das Zeichen Zwillinge ist ein männliches; entsprechend männlich sind auch Sie.
*Wie mütterlich macht mich mein Mond?* Sie sind absolut kein »Muttertyp«.
*Wie gefühlvoll macht mich mein Mond?* Sie haben schwer Zugang zu tiefen Gefühlen.
*Wie intuitiv macht mich mein Mond?* Sie sind sehr intuitiv und berühren leicht Seelisches.

***Eine besondere Mondphase beim Mond in den Zwillingen: Neumond***

*Sie sind in der Neumondphase (zwei Tage vor bis zwei Tage nach Neumond) geboren. Sie sind damit ein besonderer Mensch. Denn in Ihnen ist eine große Sehnsucht nach inniger Nähe zu geliebten Menschen, die Sie in einer erfüllten Partnerschaft zu verwirklichen versuchen.*

*Füllest wieder Busch und Tal*
*Still mit Nebelglanz,*
*Lösest endlich auch einmal*
*Meine Seele ganz.*

Johann Wolfgang von Goethe

**Mondstärken** Gern für andere dasein. Die Umwelt atmosphärisch erfassen. Erlebnistiefe. Seelische Beeindruckbarkeit. Naturverbundenheit. Starke unbewußte Kräfte. Mütterlichkeit. Häuslichkeit. Starkes Innenleben. Einfühlungsgabe. Weibliche Logik. Telepathische Fähigkeiten
**Mondschwächen** Täuschungen. Sich im Unbegriffenen verstricken. Probleme durch gespannte Mutterbeziehung

Sie können scherzen wie ein übermütiges Kind und die Welt mit glänzenden Augen betrachten. Sie können aber auch stumm, scheu, in sich gekehrt, abwesend und wie von einem unsichtbaren Panzer umgeben erscheinen. Wer den Mond im Krebs hat, verändert sich mit dem Wandel dieses Trabanten. Wird seine Sichel schmäler, ziehen Sie sich zurück. Nähert er sich jedoch seiner vollen, strahlenden Gestalt, wächst auch Ihr Mut. Streß und Druck versetzen Sie in Panik. Sie erledigen dann zwar Ihre Arbeit, aber von Ihrer Genialität bleibt wenig übrig.

*Ihre Liebesfähigkeit:* Die Liebe beherrschen Sie am vollkommensten. Sie sind anschmiegsam und lieben das Behagliche und auch Beharrliche. Um der Liebe willen würden Sie selbst am Nordpol leben; und auch dort wird es dann fein und kuschelig. Natürlich hat soviel Hingabe ihren Preis: Menschen mit dem Mond im Krebs wollen ihren Partner ganz und immer. Kompromisse gibt es nicht.

*Mond-Check*
*Wie weiblich macht mich mein Mond?* Der Krebsmond macht Sie extrem weiblich.
*Wie mütterlich macht mich mein Mond?* Eigene Kinder und eine Familie, für die Sie sorgen können, gehören zum Wichtigsten in Ihrem Leben.
*Wie gefühlvoll macht mich mein Mond?* Sie haben ein sehr starkes Gefühlsleben.
*Wie intuitiv macht mich mein Mond?* Ihre Träume und Ihre Intuition haben große Tiefe. Sie verfügen außerdem über große heilerische Fähigkeiten.

## *Mond im Löwen* – STOLZ

**Mondstärken** Sich gern darstellen. Selbstvertrauen haben. Verantwortung übernehmen können. Künstlerische Kreativität. Ausdruckskraft. Sich für Schwächere einsetzen. Gerechtigkeitsempfinden. Unternehmungsgeist und Risikofreude. Schauspielerische Talente. Andere positiv motivieren können. Repräsentieren können

**Mondschwächen** Autoritätsprobleme mit weiblichen Vorgesetzten. Anlage zu Theatralik und Cholerik

Sie zeichnen sich durch einen superben Geschmack und eine untrügliche Nase für das Echte aus, sind vital, schöpferisch, originell, und Sie besitzen ein Herz aus purem Gold. In gewisser Weise ähneln Sie ganz dem Löwen, dem König unter den Tieren; auch in Ihren Adern fließt freies, ja königliches Blut. Die Beziehung zum Feuerelement ist ausgesprochen stark. Feuer, Wärme, Sonne sind Ihr Lebenselixier. Sie müssen daher immer wieder in den Süden, um Hitze aufzutanken.

*Ihre Liebesfähigkeit:* Wer mit Ihnen lebt, muß über ein Thema erhaben sein: Gleichberechtigung. Eine Frau oder ein Mann mit dem Mond im Löwen führen an und bestimmen den Ton. Dafür besitzt man in Ihnen einen Schatz, eine lächelnde Sonne, einen Menschen, der auf der angenehmen und erfolgreichen Seite des Lebens geht. Da muß Ihr Partner schon diesen Einsatz bringen ...

*Mond-Check*

*Wie weiblich macht mich mein Mond?* Löwemond-Menschen sind feurig und stark.

*Wie mütterlich macht mich mein Mond?* Sie spielen gern Mutter und verwöhnen andere.

*Wie gefühlvoll macht mich mein Mond?* Sie haben spontane, feurige Gefühle, verlieren sie aber auch schnell wieder.

*Wie intuitiv macht mich mein Mond?* Licht und Wärme nährt Ihre Intuition und führt zu großer Kreativität und Schöpferkraft.

**Mondstärken** Gern organisieren, ordnen, ausführen. Fähigkeit zu gewissenhafter Prüfung. Hochentwickelter Sozialgedanke. Gespür für alle Bereiche, die mit Gesundheit zu tun haben. Zugang zu geheimem Wissen. Feines Gespür. Pflichtgefühl. Konzentrationsfähigkeit. Bewußtsein für Ernährung

**Mondschwächen** Ungelebte Emotionen manifestieren sich als psychosomatische Störungen

Sie sind äußerst anpassungsfähig. Sie stellen sich nur ungern gegen den Wind, »floaten« lieber und richten sich wie ein leichter Segler nach sanften Brisen. Sie drängeln auch nicht nach vorn. Bescheidenheit gehört zu Ihrem Naturell, und gegen jede Art von Hochstapelei sind Sie richtiggehend allergisch.

*Ihre Liebesfähigkeit:* Sie haben ein ausgesprochen fröhliches Naturell und trachten danach, Ihr eigenes Leben und das Ihres Partners so angenehm wie möglich zu gestalten. Aus allem das Beste zu machen, darin sind Sie sogar ein unübertroffener Meister. Ihre eigene Stimmung ist oft abhängig von der Ihres Partners. Fühlt er sich glücklich, sind Sie es auch. Was Ihre Treue anbelangt, sind Sie das Spiegelbild Ihres Partners: Was er sich leistet, leisten Sie sich auch. Selten brechen Sie als erste(r) aus. Geschieht es dennoch, ist das garantiert ein Zeichen dafür, daß der Energiefluß zwischen Ihnen und Ihrem Partner nicht mehr stimmt.

*Mond-Check*

*Wie weiblich macht mich mein Mond?* Eher mädchenhaft als weiblich (und burschikos beim Mann). Jungfrau ist ein weibliches Zeichen, und entsprechend weiblich sind Sie auch selbst.

*Wie mütterlich macht mich mein Mond?* Sie können die Aufgaben einer Mutter erfüllen, fühlen sich aber eher zu etwas anderem berufen.

*Wie gefühlvoll macht mich mein Mond?* Gefühlen gegenüber sind Sie eher mißtrauisch.

*Wie intuitiv macht mich mein Mond?* Die Natur ist Ihre große Lehrmeisterin. Sie können durch Wissen und Ihre heilenden Gaben ein Segen für andere Menschen werden.

*Frau Mond schenkt Geborgenheit, Fruchtbarkeit und Intuition*

## *Mond in der Waage* – VERLIEBT

**Mondstärken** Andere spüren können. Gern unter Leuten sein. Kontaktfreude. Sinn für Ästhetik, Kunst, Schönheit. Verbindend und ausgleichend sein. Gerechtigkeitsliebe
**Mondschwächen** Sich schlecht entscheiden können. Allein unsicher sein. Antriebsarmut, Überempfindlichkeit

In Ihrer gefühlsmäßigen Stimmung richten Sie sich stark nach der Zuneigung und Sympathie Ihrer Mitmenschen. Ihr großes Bedürfnis nach Harmonie und Ihr Widerwille gegen Streit und Konfrontation kann Sie allerdings dazu verleiten, bestehende Differenzen der äußeren Form zuliebe nicht wahrhaben zu wollen. Das Aushalten und Akzeptieren von derartigen Ecken und Kanten im Leben bringt Sie einer ganzheitlichen Lebenserfahrung näher. Menschen, die selber nicht so ausgeprägt beziehungsorientiert sind, fühlen sich von Ihnen oft angezogen. Nach außen hin wirken Sie stark. Kennt man Sie aber näher, entdeckt man eine sensible Seele, Kinderträume und eine starke Suche nach Harmonie. Sie sind für die hübsche Seite des Lebens geboren. Mit der täglichen Routine hingegen haben Sie Ihre liebe Not.

*Ihre Liebesfähigkeit:* Sie sind der hingebungsvollste, einfühlsamste, zarteste, bezauberndste Mensch. Trotzdem zweifeln Sie immer zuerst an sich selbst, wenn Disharmonie aufkommt, und geben sich die Schuld an einer gescheiterten Beziehung. Hier sollten Sie lernen, sich stärker abzugrenzen und ruhig etwas egoistischer zu denken.

*Mond-Check*

*Wie weiblich macht mich mein Mond?* Er macht Sie zärtlich, einfühlsam und weiblich, jedoch nicht zu weiblich.
*Wie mütterlich macht mich mein Mond?* Sie können sich Kindern gegenüber schlecht durchsetzen.
*Wie gefühlvoll macht mich mein Mond?* Sie mögen Stimmungen, haben aber Probleme mit starken Emotionen.
*Wie intuitiv macht mich mein Mond?* Sie sind sehr sensibel und ungeheuer phantasievoll.

## *Mond im Skorpion* – LEIDENSCHAFTLICH

**Mondstärken** Hinterfragen und aufdecken.
Im Krisenfall stark werden. Verantwortung übernehmen.
Okkulte, hellseherische, magische Fähigkeiten.
Mit suggestiver Ausstrahlung andere beeindrucken
**Mondschwächen** Ungelöste Familienproblematiken.
Von der Mutter nicht loskommen. Subtile Herrschsucht

Im Umgang mit Ihren Mitmenschen legen Sie oft eine gewisse Heftigkeit und Unberechenbarkeit an den Tag. Es ist daher für viele nicht leicht, die Motive Ihrer Handlungen nachzuvollziehen. So schwanken manche zwischen Bewunderung und Ablehnung. Man spürt, daß man sich auf große Intensität und Gefühlstiefe einläßt, wenn man eine Beziehung mit Ihnen eingeht. So ist Ihr Lebensstil weniger von äußerlicher Bequemlichkeit geprägt als von Entschlossenheit und Konsequenz.

*Ihre Liebesfähigkeit:* Ihr Seelenleben quillt über an Emotionen. Höchste Ekstase, teuflische Eifersucht, schmachtendes Sehnen, unüberbietbarer Sex, kosmische Vereinigung – es ist nahezu alles dabei. Darüber hinaus reagieren Sie allergisch auf jede Spur von Routine. Ein Leben mit Ihnen bleibt immer aufregend, und zugleich hat man einen Menschen an seiner Seite, der erst in Krisen richtig stark wird. Eines sollten Ihre Weggefährten noch beherzigen: Sie verzeihen alles, aber vergessen nichts. Wer daher grob Absprachen bricht, erhält, was ein Skorpion nur im äußersten Notfall produziert: martialisches Gift.

*Mond-Check*

*Wie weiblich macht mich mein Mond?* Sie besitzen große weibliche Kräfte.
*Wie mütterlich macht mich mein Mond?* Sie sind eine gute Mutter – auch als Mann.
*Wie gefühlvoll macht mich mein Mond?* Extrem gefühlvoll und leidenschaftlich.
*Wie intuitiv macht mich mein Mond?* Sie sind offen für magische Schwingungen und haben manchmal Visionen.

## *Mond im Schützen* – UNABHÄNGIG

**Mondstärken** Optimistisch, motivierend, begeisterungsfähig, vielseitig. Schauspielerische Begabung. Rhythmus- und Musikgefühl. Im Ausland leben können. Schriftstellerische Talente. Sportliche Fähigkeiten und Interessen

**Mondschwächen** Überzogene Führungsansprüche. Blauäugigkeit. Naivität

Aus einer meistens optimistischen und lebensbejahenden Grundstimmung heraus lassen Sie sich leicht begeistern und mitreißen. Sie haben hohe Ansprüche und Ideale an sich selbst, aber auch an diejenigen Menschen, die Sie umgeben. Dabei kann es Ihnen passieren, daß Sie leicht einmal ins Schwärmen kommen, den Kontakt mit der konkreten Wirklichkeit verlieren und in Schwierigkeiten geraten. Ihr grundsätzlicher Optimismus bewahrt Sie aber davor, in Problemen zu versinken. Zwischen Hoffnung und Erfüllung lebend, entwachsen Sie nie ganz dem kindlichen Land Phantasia und suchen in der Welt die Erfüllung Ihrer Träume. Am stärksten werden Sie, wenn es darum geht, andere zu überzeugen und mitzureißen.

*Ihre Liebesfähigkeit:* Zuallererst brauchen Sie einen Partner, der Ihre Unabhängigkeit bewundert und Sie nicht einengt. Zweitens darf Ihr Partner nicht narzißtisch sein, denn Sie sind schonungslos offen; er muß die Wahrheit schon ertragen können. Drittens braucht Ihr Partner geistige Größe (Sie haben Sie schließlich auch), denn für Sie ist Liebe viel mehr als eine Bettgeschichte, nämlich ein Zusammentreffen von Körper, Geist und Seele.

*Mond-Check*

*Wie weiblich macht mich mein Mond?* Auch als Frau stehen Sie leicht Ihren Mann.

*Wie mütterlich macht mich mein Mond?* Sie haben etwas gegen zuviel Mütterlichkeit.

*Wie gefühlvoll macht mich mein Mond?* Sie sind feurig, ekstatisch – aber nicht gerade gefühlvoll.

*Wie intuitiv macht mich mein Mond?* Sie verfügen über eine große Intuition und Seelenstärke.

***Eine besondere Mondphase beim Mond im Schützen: Vollmond***

*Sie sind in der Vollmondphase (zwei Tage vor bis zwei Tage nach dem Vollmond) geboren und damit ein besonderer Mensch. Denn Sie tragen in sich die lebendige Spannung zwischen Mann und Frau am deutlichsten. Das führt zu einem reichen und faszinierenden Beziehungsleben. Es kann aber auch große Konflikte für Partnerschaft und Liebe bringen.*

*Schau, der goldene Mond dort:*
*Er ißt Pomeranzen,*
*Schalen, die er fortwirft,*
*auf dem Wasser tanzen.*

Spanischer Kinderreim

## *Mond im Steinbock* – SELBSTÄNDIG

**Mondstärken** Klares Gefühlsleben. Selbstbeherrschung und Pflichtbewußtsein. Streben nach Objektivität und Klarheit. Ernsthaftigkeit. Liebe zu Beruf und Karriere. Suche nach sozialer oder politischer Verantwortung

**Mondschwächen** Sich selbst zu negativ sehen. Abhängigkeit von beruflichem Erfolg. Gefühlskontrolle

Der erste Eindruck von Ihnen ist oft der eines kühlen Menschen. Aber unter dem Hauch von Frostigkeit wartet ein warmes, anschmiegsames Geschöpf. Ihre weiche Seele zeigen Sie jedoch nur denjenigen, die Ihren hohen Ansprüchen genügen. Ihr Leben nehmen Sie selbst in die Hand. Sie brauchen einen Beruf und keinen Job und sollten daher eine qualifizierte Ausbildung anstreben. Diese wird sich auszahlen, denn mit dem Mond im Steinbock haben Sie die richtigen Voraussetzungen für Erfolg und Karriere.

*Ihre Liebesfähigkeit:* Die Behauptung, Sie seien abweisend und kalt, stammt garantiert von Personen, die bei Ihnen nicht landen konnten. Sie jedenfalls suchen auch beim Thema Liebe das Besondere, möchten auch hier Gipfel erleben. Aber Sie haben Ihre Gefühle im Griff, stehen über ihnen und mögen es nicht, wenn Menschen sich von den Launen ihrer Gefühle abhängig machen. Große Taten vollbringen Sie selbst, an Ihrem Traumpartner reizt Sie das andere; Sie erwarten Seelentiefe und – ganz im Gegenteil zu sich selbst – ein fast kindliches Gemüt. Auch das Rätselhafte übt einen magnetischen Einfluß auf Sie aus.

*Mond-Check*

*Wie weiblich macht mich mein Mond?* Sie sind sehr weiblich, auch ohne es nach außen hin deutlich zu zeigen.
*Wie mütterlich macht mich mein Mond?* Auch Ihre Mütterlichkeit ist ausgeprägt. Aber Sie wollen ebenso Karriere machen.
*Wie gefühlvoll macht mich mein Mond?* Sie verdrängen unliebsame Gefühle, was diese nur noch stärker macht.
*Wie intuitiv macht mich mein Mond?* Sie haben Zugang zu Wahrträumen.

## *Mond im Wassermann* – FREI

**Mondstärken** Sozial, human, aufgeschlossen. Ungebunden. Veränderungsliebe. Reisefreude. Erfindungsgabe. Intuitionskraft. Vorurteilslosigkeit. Reformwillen
**Mondschwächen** Zwanghaft antiautoritäres Denken und Handeln. Verwirrtheit

Wenn Sie wollen, beherrschen Sie die feinsten gesellschaftlichen Umgangsformen, aber Sie können auch gegen jede Regel verstoßen. Jedenfalls sind Sie stets für eine Überraschung gut und lassen sich nicht in Normen pressen. Sie wollen, ja, müssen anders sein als alle anderen. Eine kreative Tätigkeit entspricht Ihrer Veranlagung. Dagegen werden Sie mit dem Frust, den das Leben bringt, schlecht fertig. Allem Neuen gegenüber zeigen Sie sich enthusiastisch. Aber Ihr Interesse erlischt auch schnell wieder. Sie müssen daher lernen, am Ball zu bleiben.

*Ihre Liebesfähigkeit:* Ihr Liebesleben ist widersprüchlich. Auf der einen Seite spielen Sie mit dem Feuer, haben das Flirten für Ihr Leben gern und sind bereit, sich auch in eine aussichtslose Beziehung einzulassen, wenn diese nur genügend Aufregung verspricht. Auf der anderen Seite können Sie völlig ohne Sexualität auskommen. Das liegt daran, daß Sie mit dem Mond im Wassermann hohe und ausgesprochen idealistische Ansprüche an die Liebe stellen. Tief in Ihrer Seele empfinden Sie sich als Engel und streben nach einer geistigen, beinah überirdischen Liebe, bei der das Körperliche nur noch eine Nebenrolle spielt.

*Mond-Check*
*Wie weiblich macht mich mein Mond?* Der Wassermannmond hebt Sie beinahe über die Unterscheidung männlich–weiblich: Beide Seiten sind Ihnen sehr vertraut.
*Wie mütterlich macht mich mein Mond?* Sie sind der beste Gefährte und Freund aller Kinder, aber absolut kein Muttertyp.
*Wie gefühlvoll macht mich mein Mond?* Tiefen Gefühlen gegenüber sind Sie mißtrauisch.
*Wie intuitiv macht mich mein Mond?* Sie haben häufig Offenbarungsträume, in denen Sie Hinweise für Ihren Lebensweg erhalten.

**Mondstärken** Mediale Fähigkeiten. Heilerische Qualitäten. Kraft durch Glauben. Sensibilität beruflich nutzen können (zum Beispiel als Heilpraktiker). Liebe für andere, Liebe zur Schöpfung. Sich auf instinkthaftes Gespür verlassen können

**Mondschwächen** Wirre Phantasievorstellungen, Unsicherheit, Bindungslosigkeit

Sie sind vielschichtig und widersprüchlich: Sie können in einer Woge des Mitgefühls für die gesamte Schöpfung schwimmen, aber manchmal stehen Sie abgehoben und einsam über dem Rest der Welt. Sie verfügen über feinste Antennen, erahnen sogar die Gedanken anderer, und dann wieder stapfen Sie bereitwillig in jedes nur erdenkliche Fettnäpfchen. Ihre Intuition ist ungeheuer. Manche unter Ihnen ahnen in ihren Träumen zukünftige Ereignisse voraus. Auch als Heiler und Helfer vollbringen Sie beinahe Wunder. Wie mit einem sechsten Sinn behaftet, spüren Sie, was einem anderen fehlt. Sie müssen sich aber auch schützen, denn Sorgen und Probleme springen nur allzu leicht von anderen auf Sie selbst über.

*Ihre Liebesfähigkeit:* Es ist leicht, sich in Sie zu verlieben, denn Sie locken und verführen mit einem sphinxartig-unergründlichen Wesen. Jeder fühlt sich verstanden und erlöst von seiner Einsamkeit. Die Partnerschaft mit Ihnen ist jedoch eine ganz andere Sache. Wer sie eingeht, beherrscht früher oder später die Quadratur des Kreises. Sie sind nicht nur ein schillerndes und anmutiges, sondern auch ein äußerst widersprüchliches Geschöpf. Hält Ihr Partner dies aus, werden Sie ihm aber viel Glück, Freude und Segen bringen.

*Mond-Check*

*Wie weiblich macht mich mein Mond?* Sie sind äußerst weiblich, können diese Seite aber auch vollkommen verstecken und verdrängen.
*Wie mütterlich macht mich mein Mond?* Sie fühlen sich als Mutter der gesamten Schöpfung.
*Wie gefühlvoll macht mich mein Mond?* Sie sind ungeheuer gefühlvoll.
*Wie intuitiv macht mich mein Mond?* Unter allen Mondstellungen sind Sie am intuitivsten.

## *Das Merkurhoroskop –*
## SCHLAU, KOMMUNIKATIV UND GÖTTLICH BERATEN SEIN

Der römische Gott Merkur entspricht ganz dem Hermes der griechischen Mythologie. Er war ein äußerst schillernder Gott, ausgestattet mit zahlreichen Eigenschaften und Funktionen. Respekt und Bewunderung erwarb er sich durch Klugheit und Raffinesse. So stahl er – gerade erst als Sohn des Jupiter und der Nymphe Maia geboren – dem Gott Apoll eine Rinderherde. Von diesem zur Rede gestellt, spielte er auf einem mit Fell und Saiten versehenen Schildkrötenpanzer derart gekonnt auf, daß Apolls Zorn verflog und er ihm die Rinder im Tausch gegen das Musikinstrument überließ. »Ganz nebenbei« hatte Merkur auf diese Weise die Lyra »erfunden«, jenes zauberhafte Instrument, mit dem später Orpheus Menschen wie Götter verzauberte.
Gott Merkur war also klug und listig – und genau diese Fähigkeit verleiht er auch uns Menschen. Er macht beredt, erfinderisch und verhilft einem auch mal zu einer guten Ausrede. Seiner listigen Eigenschaften wegen wurde er zum Gott der Kaufleute, Diebe und Bänkelsänger. Seine Fröhlichkeit machte ihn zum Schutzpatron all derjenigen, die auf heiteren Wegen wandeln. Und sein Diebstahl der Kühe ließ ihn selbstredend zum Gedeihen der Viehherden beitragen. Infolge seiner Lust am Reden und seines Talents, sich allemal in ein günstiges Licht zu setzen, wurde er der göttliche Freund all derer, die viel sprechen, schreiben und auf der Bühne stehen: Dichter, Sänger, Schauspieler, Politiker, Talkmaster, Ansager, Komiker, Artisten oder Musiker. Wie wir denken, reden, kommunizieren, uns darstellen und uns verkaufen, das alles verrät die Position Merkurs in unserem Horoskop. Er verkörpert unsere unbeschwerte Seite und den leichtesten Weg, den man gehen kann.
Aber Merkur hat noch mehr auf Lager: Bei den Griechen galt er als Diener Jupiters und als Götterbote, der zwischen dem Olymp, dem Wohnort der Unsterblichen, und den Menschen drunten auf der Erde vermittelte. Und er begleitete auch die Seelen der Verstorbenen in die Unterwelt. Er besaß geflügelte Sandalen und einen geflügelten Hut, damit er rasch hin und her eilen konnte. Ein weiteres Attribut war sein Heroldsstab, der Kerykeion, ein Zauberstab.

Hermes überbrachte also den Willen seines Vaters Zeus. So führte er zum Beispiel in dessen Auftrag Hera, Athene und Aphrodite zum Idagebirge, wo Paris den goldenen Apfel der – seiner Wahl nach – schönsten der Frauen überreichen sollte. Seine Entscheidung für Aphrodite, die ihm dafür Helena versprochen hatte, löste später bekanntlich den Trojanischen Krieg aus.
Tatsächlich fungiert Merkur auch in der Astrologie als eine Art »Empfangs- und Sendestation«. Wo er sich in unserem Horoskop befindet, sind uns die Götter besonders nah und übermitteln uns ihre Botschaften und Nachrichten. Umgekehrt können wir dort die Götter am ehesten erreichen.
Merkur ist der sonnennächste Planet. Er zieht seine Kreise um unser Zentralgestirn so eng, daß er sich nie mehr als ein Zeichen von der Sonne entfernen kann. Das führt auch dazu, daß Merkur in vielen Horoskopen die gleiche Tierkreiszeichenposition einnimmt wie die Sonne.

## DIE ERMITTLUNG DES MERKURZEICHENS

Suchen Sie in der folgenden Merkurtabelle Ihren Geburtstag, und entnehmen Sie Ihre Merkurposition, die Sie auf den entsprechenden Text im anschließenden Kapitel über Ihre Merkurzeichen verweist. (Siehe auch die Vorbemerkung am Beginn von Teil II dieses Buches.)

### Die Merkurtabelle

**1920*** 20.5.–23.5. Stier, 24.5.–6.6. Zwillinge, 7.6.–22.6. Krebs, **1921** 20.5.–30.5. Zwillinge, 31.5.–22.6. Krebs, **1922** 20.5.–1.6. Zwillinge, 2.6.–10.6. Krebs, 11.6.–22.6. Zwillinge, **1923** Zwillinge, **1924** 20.5.–12.6. Stier, 13.6.–22.6. Zwillinge, **1925** 20.5.–6.6. Stier, 7.6.–20.6. Zwillinge, 21.6.–22.6. Krebs, **1926** 20.5.–28.5. Stier, 29.5.–11.6. Zwillinge, 12.6.–22.6. Krebs, **1927** 20.5. Stier, 21.5.–3.6. Zwillinge, 4.6.–22.6. Krebs, **1928** 20.5.–28.5. Zwillinge, 29.5.–22.6. Krebs, **1929** Zwillinge, **1930**

* Siehe auch die Anmerkung zur Mondtabelle.

20.5.–14.6. Stier, 15.6.–22.6. Zwillinge, **1931** 20.5.–10.6. Stier, 11.6.–22.6. Zwillinge, **1932** 20.5.–2.6. Stier, 3.6.–16.6. Zwillinge, 17.6.–22.6. Krebs, **1933** 20.5.–24.5. Stier, 25.5.–7.6. Zwillinge, 8.6.–22.6. Krebs, **1934** 20.5.–31.5. Zwillinge, 1.6.–22.6. Krebs, **1935** 20.5.–29.5. Zwillinge, 30.5.–20.6. Krebs, 21.6.–22.6. Zwillinge, **1936** Zwillinge, **1937** 20.5.–13.6. Stier, 14.6.–22.6. Zwillinge, **1938** 20.5.–7.6. Stier, 8.6.–21.6. Zwillinge, 22.6. Krebs, **1939** 20.5.–30.5. Stier, 31.5.–13.6. Zwillinge, 14.6.–22.6. Krebs, **1940** 20.5. Stier, 21.5.–4.6. Zwillinge, 5.6.–22.6. Krebs, **1941** 20.5.–29.5. Zwillinge, 30.5.–22.6. Krebs, **1942** Zwillinge, **1943** 20.5.–26.5. Zwillinge, 27.5.–13.6. Stier, 14.6.–22.6. Zwillinge, **1944** 20.5.–10.6. Stier, 11.6.–22.6. Zwillinge, **1945** 20.5.–3.6. Stier, 4.6.–17.6. Zwillinge, 18.6.–22.6. Krebs, **1946** 20.5.–26.5. Stier, 27.5.–9.6. Zwillinge, 10.6.–22.6. Krebs, **1947** 20.5.–1.6. Zwillinge, 2.6.–22.6. Krebs, **1948** 20.5.–27.5. Zwillinge, 28.5.–22.6. Krebs, **1949** Zwillinge, **1950** 20.5.–13.6. Stier, 14.6.–22.6. Zwillinge, **1951** 20.5.–8.6. Stier, 9.6.–22.6. Zwillinge, **1952** 20.5.–30.5. Stier, 31.5.–13.6. Zwillinge, 14.6.–22.6. Krebs, **1953** 20.5.–22.5. Stier, 23.5.–5.6. Zwillinge, 6.6.–22.6. Krebs, **1954** 20.5.–29.5. Zwillinge, 30.5.–22.6. Krebs, **1955** Zwillinge, **1956** 20.5.–22.6. Zwillinge, **1957** 20.5.–11.6. Stier, 12.6.–22.6. Zwillinge, **1958** 20.5.–5.6. Stier, 6.6.–19.6. Zwillinge, 20.6.–22.6. Krebs, **1959** 20.5.–27.5. Stier, 28.5.–10.6. Zwillinge, 11.6.–22.6. Krebs, **1960** 20.5.–2.6. Zwillinge, 3.6.–22.6. Krebs, **1961** 20.5.–28.5. Zwillinge, 29.5.–22.6. Krebs, **1962** Zwillinge, **1963** 20.5.–14.6. Stier, 15.6.–22.6. Zwillinge, **1964** 20.5.–8.6. Stier, 9.6.–22.6. Zwillinge, **1965** 20.5.–1.6. Stier, 2.6.–15.6. Zwillinge, 16.6.–22.6. Krebs, **1966** 20.5.–24.5. Stier, 25.5.–7.6. Zwillinge, 8.6.–22.6. Krebs, **1967** 20.5.–31.5. Zwillinge, 1.6.–22.6. Krebs, **1968** 20.5.–29.5. Zwillinge, 30.5.–13.6. Krebs, 14.6.–22.6. Zwillinge, **1969** Zwillinge, **1970** 20.5.–12.6. Stier, 13.6.–22.6. Zwillinge, **1971** 20.5.–6.6. Stier, 7.6.–21.6. Zwillinge, 22.6. Krebs, **1972** 20.5.–28.5. Stier, 29.5.–11.6. Zwillinge, 12.6.–22.6. Krebs, **1973** 20.5. Stier, 21.5.–3.6. Zwillinge, 4.6.–22.6. Krebs, **1974** 20.5.–28.5. Zwillinge, 29.5.–22.6. Krebs, **1975** Zwillinge, **1976** 20.5.–13.6. Stier, 14.6.–22.6. Zwillinge, **1977** 20.5.–10.6. Stier, 11.6.–22.6. Zwillinge, **1978** 20.5.–3.6. Stier, 4.6.–17.6. Zwillinge, 18.6.–22.6. Krebs, **1979** 20.5.–25.5. Stier, 26.5.–8.6.

Zwillinge, 9.6.–22.6. Krebs, **1980** 20.5.–31.5. Zwillinge, 1.6.–22.6. Krebs, **1981** 20.5.–28.5. Zwillinge, 29.5.–22.6. Krebs, **1982** Zwillinge, **1983** 20.5.–13.6. Stier, 14.6.–22.6. Zwillinge, **1984** 20.5.–7.6. Stier, 8.6.–21.6. Zwillinge, 22.6. Krebs, **1985** 20.5.–30.5. Stier, 31.5.–13.6. Zwillinge, 14.6.–22.6. Krebs, **1986** 20.5.–21.5. Stier, 22.5.–5.6. Zwillinge, 6.6.–22.6. Krebs, **1987** 20.5.–29.5. Zwillinge, 30.5.–22.6. Krebs, **1988** Zwillinge, **1989** 20.5.–28.5. Zwillinge, 29.5.–11.6. Stier, 12.6.–22.6. Zwillinge, **1990** 20.5.–11.6. Stier, 12.6.–22.6. Zwillinge, **1991** 20.5.–4.6. Stier, 5.6.–18.6. Zwillinge, 19.6.–22.6. Krebs, **1992** 20.5.–25.5. Stier, 26.5.–8.6. Zwillinge, 9.6.–22.6. Krebs, **1993** 20.5.–1.6. Zwillinge, 2.6.–22.6. Krebs, **1994** 20.5.–27.5. Zwillinge, 28.5.–22.6. Krebs, **1995** Zwillinge, **1996** 20.5.–12.6. Stier, 13.6.–22.6. Zwillinge, **1997** 20.5.–8.6. Stier, 9.6.–22.6. Zwillinge, **1998** 20.5.–31.5. Stier, 1.6.–14.6. Zwillinge, 15.6.–22.6. Krebs, **1999** 20.5.–22.5. Stier, 23.5.–6.6. Zwillinge, 7.6.–22.6. Krebs, **2000** 20.5.–28.5. Zwillinge, 29.5.–22.6.Krebs, **2001** Zwillinge, **2002** Zwillinge, **2003** 20.5.–11.6. Stier, 12.6.–22.6. Zwillinge

## DIE MERKURZEICHEN DER ZWILLINGE

### *Merkur im Stier* – SACHLICHES DENKEN

**Merkurstärken** Sachliches, konzentriertes und konkretes Denken
**Merkurschwächen** Stur sein, starr denken

Ihr Denken ist sachlich, genau und praktisch. Sie beziehen sich in Ihren Überlegungen auf gemachte Erfahrungen oder solche, die von zuverlässigen Leuten stammen. Das verleiht Ihnen Sicherheit und Glaubwürdigkeit; es unterlaufen Ihnen kaum Fehler. Was Sie sagen, hat Hand und Fuß. Das darf Sie allerdings nicht dazu verleiten, Ihre eigene Art zu denken als die einzig richtige zu betrachten und andere zu kritisieren oder gar zu demoralisieren. Ihre Meinungsbildung ist nur eine von mehreren Möglichkeiten. Es ist Ihre Stärke, andere, die

weniger sachlich und empirisch fundiert argumentieren, zu ergänzen. Lassen Sie sich im Gegenzug aber auch von Ihren Mitmenschen inspirieren!
Auf andere zuzugehen fällt Ihnen nicht leicht. Sie warten lieber ab, bis man auf Sie zukommt, reagieren jedoch abweisend, wenn jemand zu forsch auftritt. Hier sollten Sie offener werden. Nicht jeder, der Sie direkt angeht, will Sie bedrängen; er ist vielleicht nur spontaner als Sie.
Ihr Denken dreht sich häufig um Schönheit, Genuß, Essen, Trinken, Geld und Besitz. Das hilft Ihnen, Ihre Wünsche real umzusetzen. Mit Ihrem Merkur im Stier sollten Sie keine Probleme haben, reichlich Geld zu verdienen.
Gegen Sturheit und Engstirnigkeit müssen Sie zu Felde ziehen – und zwar bei sich selbst. Um dies zu üben, könnten Sie sich zum Beispiel von Fall zu Fall vornehmen, anderer Leute Meinung voll und widerspruchslos zu akzeptieren.

*Merkur-Check*

*Wie leicht fällt es mir, Kontakt zu schließen?* Ich warte lieber, bis man auf mich zugeht.
*Was bringt mich »den Göttern« näher?* Wunschlos glücklich sein, sinnlich befriedigt sein, reich sein.

## *Merkur in den Zwillingen* – VIELSEITIGES DENKEN

**Merkurstärken** Flinkes, übersichtliches, vielseitiges Denken
**Merkurschwächen** Flüchtigkeit, unkonzentriert und oberflächlich sein

Ihr Merkur ist besonders »fit«. Das beruht darauf, daß dieser Planet bei Ihnen das Zwillingezeichen regiert, dort also zu Hause ist und sich besonders gut entfalten kann. Die Folge ist ein kolossal vielseitiges und vielschichtiges Denken. Sie sind grundsätzlich allem gegenüber aufgeschlossen und interessiert und lassen sich von guten Argumenten jederzeit überzeugen. Sie denken logisch. Das heißt, daß Sie – vielleicht ohne es überhaupt selbst zu bemerken – ständig abwägen, vergleichen und Schlüsse ziehen. Mitunter geht es daher in Ihrem Kopf zu wie in einem Bienenhaus bzw. an der Börse. Sie brauchen deswegen eine Möglichkeit, um abzuschalten. Das gelingt Ihnen am besten, wenn Sie sich einen unkomplizierten Film anschauen oder in einem Magazin blättern. Allerdings ist dabei Ihr Kopf immer noch aktiv. Sie sollten daher lernen, sich »leer zu machen«, was Ihnen (mit viel Geduld und Zeit) am ehesten mit Hilfe von Meditation oder Yoga gelingt.

Ihre große Stärke ist es, auf andere Menschen zuzugehen und mit ihnen ein Gespräch zu beginnen. Ähnlich einem Entertainer können Sie ganze Partygesellschaften unterhalten. Aber auch im Beruf haben Sie mit Ihrem Merkur ein großes Plus.

Achtgeben müssen Sie, daß Sie andere nicht überfahren, sie mundtot machen. Sie denken und reden so schnell, daß kaum jemand anderes mithalten kann. Werden Sie in sozialen Situationen ruhiger, und hören Sie anderen mehr zu! So vermeiden Sie die Schwächen Ihrer Merkurstellung und stärken die positive Seite.

*Merkur-Check*

*Wie leicht fällt es mir, Kontakt zu schließen?* Auf andere Menschen zuzugehen macht mir Spaß und fällt mir leicht.

*Was bringt mich »den Göttern« näher?* Mich unterhalten, etwas herausfinden, meine Neugierde befriedigen.

## *Merkur im Krebs* – GEFÜHLVOLLES DENKEN

**Merkurstärken** Gefühlvolles, tiefes, ganzheitliches Denken
**Merkurschwächen** Subjektiv sein

Sie denken – ähnlich wie der Skorpion – »mit dem Bauch«, Ihre Gefühle mischen sich unter Ihr Denken und färben es subjektiv. Zu welchen Schlüssen Sie kommen und welche Ideen Sie kreieren, hängt davon ab, was Sie gerade erleben, wie Sie sich fühlen. Erwartungsgemäß wecken Sie damit bei anderen Menschen (meistens Männern) Kritik und Ablehnung. Man hält Ihnen vor, nicht geradlinig, logisch, abstrakt oder neutral zu denken. Aber aus einer übergeordneten und ganzheitlichen Sicht ist Ihre Art völlig okay. Eine Welt nur aus logisch oder empirisch denkenden Menschen wäre unsinnig, überaus langweilig und eintönig. Auch die Wissenschaft beschäftigt sich heutzutage mit dem emotionalen Denken und stellt den davon abgeleiteten

Fachbegriff »EQ« (emotionaler Quotient) gleichwertig neben den schon viel länger bekannten »IQ« (Intelligenzquotient).
Emotionales Denken ist insofern wichtig, als es mit instinktivem Wissen einhergeht. Sie verfügen über einen Zugang zu Erfahrungen und Erinnerungen, die sich im Lauf der Entwicklung der Menschheit angesammelt haben. Das läßt Sie weise, zuweilen sogar »allwissend« sein. Stehen Sie daher ruhig zu Ihrer Person und Ihrer Art zu denken. Sie ist wichtig und ergänzt sich mit den anderen Denkstrukturen. Dabei sollten Sie allerdings Offenheit zeigen und Ihren Mitmenschen gegenüber nicht auf Ihrem Denkstil als dem einzig wahrhaftigen beharren.
Auch Ihr Sozialverhalten wird stark von Ihren Gefühlen bestimmt. Geht es Ihnen gut, kennen Sie keinerlei Probleme, auf andere zuzugehen. Sind Sie in schlechter Verfassung, wollen Sie niemanden sehen.

*Merkur-Check*
*Wie leicht fällt es mir, Kontakt zu schließen?* Menschen gegenüber, die ich nicht gut kenne, bin ich eher zurückhaltend.
*Was bringt mich »den Göttern« näher?* Bei mir sein, mich ausdrücken können, von anderen verstanden werden.

# *Das Venushoroskop –* IHRE LIEBESFÄHIGKEIT

*Venuszeichen*

Kurz nach Sonnenuntergang – der Westen badet sich noch in goldenem Rot, im Osten kündet ein stahlblauer Himmel die heraufziehende Nacht an – kann man sie sehen, die Venus. Sie ist so hell, daß man sie manchmal mit den Lichtern eines Flugzeugs verwechselt. Und in Gegenden, die nicht künstlich erleuchtet sind, überkommt den Betrachter bei ihrem Anblick fast das Gefühl einer außerirdischen Begegnung. Der Tag geht zur Ruhe, Venus läutet den Feierabend ein, jene Zeit, die weder der Arbeit noch dem Schlaf gehört, vielmehr der Muße – und der Liebe.
Aber Venus verzaubert nicht nur den Abend, sondern auch den Morgen. Denn die Hälfte des Jahres läuft sie, wie wir es von der Erde aus sehen, der Sonne nach, sie steht dann als Venus des Abends nach Son-

nenuntergang noch einige Zeit am Abendhimmel. Die andere Hälfte jedoch läuft sie der Sonne voraus und steigt als Venus des Morgens vor der Sonne über den östlichen Horizont als strahlende Botin des neuen Tages.

Venus oder die griechische Entsprechung Aphrodite trug den Namen »Schaumgeborene«: Dem Mythos nach hat Kronos (Saturnus), der Vater des Zeus, das Zeugungsglied seines Vaters Uranos ins Meer geworfen. Aus dem Schaum, der sich dabei bildete, ist die Göttin der Schönheit entstanden (griechisch *aphrós* = »Schaum«).

Sie galt als die fruchtbare Göttin des blühenden Frühlings und der überströmenden Frühlingslust. Sie war die Beschützerin der Gärten, Blumen und Lusthaine. Ihre Lieblingsgewächse waren Myrten, Rosen und Lilien, ihre Frucht der Apfel, ihre bevorzugten Tiere waren Widder, Böcke, Hasen, Tauben und die bunten Schmetterlinge. Vor allem aber war Venus/Aphrodite eine Frau, deren unvergleichliche Schönheit die Männer betörte. Man fand schier kein Ende, all ihre Reize aufzuzählen: göttlicher Wuchs, strahlende Augen, verlockender Blick, rosenknospiger Mund, zierliche Ohren, reizender Busen und, und, und ...

Im Vergleich dazu sah ihr häßlicher, hinkender Ehemann Hephaistos, der Gott des Erdfeuers und Schutzgott der Schmiedekunst, ziemlich alt aus, wie man heute sagen würde. Sie nutzte denn auch jede Gelegenheit zu einem Seitensprung. Der bekannteste (und folgenreichste) war wohl jener mit Mars, dem Amor, der spitzbübische Junge mit den heimtückischen Liebespfeilen, sein Leben verdankte.

Die schöne Venus bekam ein würdiges Denkmal am Himmel; der hellste Stern wurde nach ihr benannt. Je nach Position kündet er als Abendstern den Feierabend, vor Sonnenaufgang die nahende Morgenröte an.

»Venus« ist in der Symbolsprache ein anderes Wort für »Liebe, Lust, Zärtlichkeit, Leidenschaft, Zweisamkeit, Anziehung, Nähe, Knistern, Flirten, Sehnsucht, Verschmelzung, Sinnlichkeit« und dergleichen mehr. Aber jede Venusposition in den Tierkreiszeichen gibt all diesen Facetten der Liebe eine andere Färbung, ein bestimmtes Gewicht, einen individuellen Glanz. Da müssen Sie Ihre persönliche Venus einfach näher kennenlernen!

## DIE ERMITTLUNG DES VENUSZEICHENS

In der Venustabelle finden Sie ganz einfach Ihre Venusposition, indem Sie Ihren Geburtstag suchen. Dahinter ist das Tierkreiszeichen vermerkt, in dem Ihre Venus steht. Dann brauchen Sie nur noch den entsprechenden Abschnitt im anschließenden Text nachzulesen. (Siehe auch die Vorbemerkung am Beginn von Teil II dieses Buches.)

**Die Venustabelle**

**1920*** 20.5.–30.5. Stier, 31.5.–22.6. Zwillinge, **1921** 20.5.–1.6. Widder, 2.6.–22.6. Stier, **1922** 20.5.–25.5. Zwillinge, 26.5.–19.6. Krebs, 20.6.–22.6. Löwe, **1923** 20.5.–21.5. Widder, 22.5.–14.6. Stier, 15.6.–22.6. Zwillinge, **1924** 20.5.–22.6. Krebs, **1925** 20.5.–8.6. Zwillinge, 9.6.–22.6. Krebs, **1926** 20.5.–2.6. Widder, 3.6.–22.6. Stier, **1927** 20.5.–7.6. Krebs, 8.6.–22.6. Löwe, **1928** 20.5.–29.5. Stier, 30.5.–22.6. Zwillinge, **1929** 20.5.–2.6. Widder, 3.6.–22.6. Stier, **1930** 20.5–25.5. Zwillinge, 26.5.–19.6. Krebs, 20.6.–22.6. Löwe, **1931** 20.5. Widder, 21.5.–14.6. Stier, 15.6.–22.6. Zwillinge, **1932** 20.5.–22.6. Krebs, **1933** 20.5.–8.6. Zwillinge, 9.6.–22.6. Krebs, **1934** 20.5.–2.6.Widder, 3.6.–22.6. Stier, **1935** 20.5.–7.6. Krebs, 8.6.–22.6. Löwe **1936** 20.5.–26.5. Stier, 27.5.–22.6. Krebs, **1937** 20.5.–4.6. Krebs, 5.6.–22.6. Löwe, **1938** 20.5.–18.6. Krebs, 19.6.–22.6. Löwe, **1939** 20.5. Widder, 21.5.–14.6. Stier, 15.6.–22.6. Zwillinge, **1940** 20.5.–22.6. Krebs, **1941** 20.5.–7.6. Zwillinge, 8.6.–22.6. Krebs, **1942** 20.5.–1.6. Widder, 2.6.–22.6. Stier, **1943** 20.5.–7.6. Krebs, 8.6.–22.6. Löwe, **1944** 20.5.–28.5. Stier, 29.5.–22.6. Zwillinge, **1945** 20.5.–4.6. Widder, 5.6.–22.6. Stier, **1946** 20.5.–23.5. Zwillinge, 24.5.–17.6. Krebs, 18.6.–22.6. Löwe, **1947** 20.5.–13.6. Stier, 14.6.–22.6. Zwillinge, **1948** 20.5.–22.6. Krebs, **1949** 20.5.–6.6. Zwillinge, 7.6.–22.6. Krebs, **1950** 20.5.–1.6. Widder, 2.6.–22.6. Stier, **1951** 20.5.–6.6. Krebs, 7.6.–22.6. Löwe, **1952** 20.5.–28.5. Stier, 29.5.–21.6. Zwillinge, 22.6. Krebs, **1953** 20.5.–4.6. Widder, 5.6.–22.6. Stier, **1954** 20.5.–23.5. Zwillinge, 24.5.–17.6. Krebs, 18.6.–22.6. Löwe, **1955** 20.5.–12.6. Stier, 13.6.–22.6. Zwillinge,

* Siehe auch die Anmerkung zur Mondtabelle.

**1956** 20.5.–22.6. Krebs, **1957** 20.5.–6.6. Zwillinge, 7.6.–22.6. Krebs, **1958** 20.5.–31.5. Widder, 1.6.–22.6. Stier, **1959** 20.5.–6.6. Krebs, 7.6.–22.6. Löwe, **1960** 20.5.–27.5. Stier, 28.5.–21.6. Zwillinge, 22.6. Krebs, **1961** 20.5.–5.6. Widder, 6.6.–22.6. Stier, **1962** 20.5.–22.5. Zwillinge, 23.5.–16.6. Krebs, 17.6.–22.6. Löwe, **1963** 20.5.–12.6. Stier, 13.6.–22.6. Zwillinge, **1964** 20.5.–17.6. Krebs, 18.6.–22.6. Zwillinge, **1965** 20.5.–5.6. Zwillinge, 6.6.– 22.6. Krebs, **1966** 20.5.–31.5. Widder, 1.6.–22.6. Stier, **1967** 20.5.–6.6. Krebs, 7.6.–22.6. Löwe, **1968** 20.5.–27.5. Stier, 28.5.– 20.6. Zwillinge, 21.6.–22.6. Krebs, **1969** 20.5.–5.6. Widder, 6.6.–22.6. Stier, **1970** 20.5.–22.5. Zwillinge, 23.5.–16.6. Krebs, 17.6.–22.6. Löwe, **1971** 20.5.–11.6. Stier, 12.6.–22.6. Zwillinge, **1972** 20.5.–11.6. Krebs, 12.6.–22.6. Zwillinge, **1973** 20.5.–5.6. Zwillinge, 6.6.–22.6. Krebs, **1974** 20.5.–30.5. Widder, 31.5.– 22.6. Stier, **1975** 20.5.–5.6. Krebs, 6.6.–22.6. Löwe, **1976** 20.5.– 26.5. Stier, 27.5.–20.6. Zwillinge, 21.6.–22.6. Krebs, **1977** 20.5.– 22.6. Stier, **1978** 20.5.–21.5. Zwillinge, 22.5.–15.6. Krebs, 16.6.– 22.6. Löwe, **1979** 20.5.–11.6. Stier, 12.6.–22.6. Zwillinge, **1980** 20.5.–5.6. Krebs, 6.6.–22.6. Zwillinge, **1981** 20.5.–4.6. Zwillinge, 5.6.–22.6. Krebs, **1982** 20.5.–30.5. Widder, 31.5.–22.6. Stier, **1983** 20.5.–5.6. Krebs, 6.6.–22.6. Löwe, **1984** 20.5.–26.5. Stier, 27.5.–19.6. Zwillinge, 20.6.–22.6. Krebs, **1985** 20.5.–5.6. Widder, 6.6.–22.6. Stier, **1986** 20.5.–21.5. Zwillinge, 22.5.–15.6. Krebs, 16.6.–22.6. Löwe, **1987** 20.5.–9.6. Stier, 10.6.–22.6. Zwillinge, **1988** 20.5.–27.5. Krebs, 28.5.–22.6. Zwillinge, **1989** 20.5.– 4.6. Zwillinge, 5.6.–22.6. Krebs, **1990** 20.5.–29.5. Widder, 30.5.– 22.6. Stier, **1991** 20.5.–5.6. Krebs, 6.6.–22.6. Löwe, **1992** 20.5.– 26.5. Stier, 27.5.–22.6. Zwillinge, **1993** 20.5.–6.6. Widder, 7.6.– 22.6. Stier, **1994** 20.5. Zwillinge, 21.5.–14.6. Krebs, 15.6.– 22.6. Löwe, **1995** 20.5.–10.6. Stier, 11.6.–22.6. Zwillinge, **1996** 20.5.– 22.6. Zwillinge, **1997** 20.5.–3.6. Zwillinge, 4.6.–22.6. Krebs, **1998** 20.5.–29.5. Widder, 30.5.–22.6. Stier, **1999** 20.5.–5.6. Krebs, 6.6.–22.6. Löwe, **2000** 20.5.–25.5. Stier, 26.5.–18.6. Zwillinge, 19.6.–22.6. Krebs, **2001** 20.5.–6.6. Widder, 7.6.–22.6. Stier, **2002** 20.5.–14.6. Krebs, 15.6.–22.6. Löwe, **2003** 20.5.–9.6. Stier, 10.6.–22.6. Zwillinge

## *Venus im Widder* – STÜRMISCHE LIEBE

**Venusstärken** Spontan, direkt, feurig
**Venusschwächen** Egoistisch, überfordernd

Feinfühligkeit ist nicht Ihre Stärke. Zu Ihrer Entschuldigung läßt sich sagen, daß Sie es ja gar nicht so meinen, wenn Sie beispielsweise die roten Punkte auf seiner neuen Krawatte bzw. ihre rotgesprenkelte Bluse an Ketchup erinnert (und Sie das natürlich auch noch laut sagen müssen). Aber was soll's! Sie haben nichts gegen einen klärenden Krach. Hinterher ist die Luft einfach besser. Und was zu Bruch geht, war sowieso nur eine Scheinidylle. Gut, Sie tragen die Schuld, waren unsensibel, taktlos, verletzend ..., aber sind Sie nicht einfach auch offen und ehrlich?
An Ihren eigenen Gefühlen und Stimmungen zweifeln Sie nie. Auch wenn man Ihnen mit Engelszungen nahezubringen versucht, daß Ihre Eifersucht unbegründet, diese Liebe illusorisch oder Ihre Sorgen reine Hirngespinste sind, es wird nichts fruchten! Und plötzlich – kein Mensch weiß, weshalb – hat sich Ihre Weltuntergangsstimmung in Luft aufgelöst. Weg!
Das alles klingt nach einem einfachen, kindlichen Gefühlsleben. Mag sein. Aber dafür bleiben Sie jung, erfrischend, charmant und immer für eine Überraschung gut. Ein probates Gegengift gegen Langeweile also. Und Sie sind nicht nachtragend. Sie kommen leicht in Fahrt, spucken schon mal Feuer und Gift, aber die Versöhnung ist auch nicht weit – und besonders süß.

*Venus-Check*
*Kann meine Venus gut allein sein?* Eher nicht, aber sie schafft es.
*Sucht meine Venus Sicherheit?* Nicht so sehr, eher Lust, Unterhaltung und Vergnügen.
*Besteht meine Venus auf Treue?* Nicht ausgesprochen.
*Ist meine Venus eifersüchtig?* Ja, sogar extrem. Sie kann Konkurrenten nicht ausstehen.
*Findet meine Venus leicht Partner?* Jederzeit, Sie brauchen nur loszuziehen.

## *Venus im Stier* – PRAKTISCHE LIEBE

**Venusstärken** Erotisch, gemütlich, natürlich
**Venusschwächen** Stur, bequem

Sie lieben das Leben mit all seinen Verführungen, seiner Schönheit und den unendlichen Sinnesfreuden. Niemals bekommen Sie davon genug. In Ihren Augen gibt es keine größere Sünde, als diesem Genuß zu entsagen: Hat Gott nicht all dies geschaffen, damit der Mensch es genieße? In der Praxis hat eine derartige Lust leider hinterhältige Folgen: Sie müssen auf Ihre Linie achten, also doch maßhalten und Ihre Wünsche verdrängen. Aber mit regelmäßigen sportlichen Übungen und entsprechender geistiger Haltung bleiben Sie fit und Ihr Körper ein Tempel der Lust und Sinnlichkeit.
Natürlich liebt man solche Personen: weil Sie praktisch sind und den allseits bekannten Spruch, daß Liebe durch den Magen geht, aufs köstlichste unter Beweis stellen. Weil Sie Geschmack besitzen und selbst ein Kellerloch in ein gemütliches Kuschelnest verzaubern. Weil Sie hingabefähig und treu sind und dennoch auf eigenen Beinen stehen. Allerdings braucht Ihre Liebe Zeit. Sie sind kein »Feuer-und-Flamme-Typ«. Aber wenn Sie einmal heißlaufen und richtig brennen, sind Sie dafür kaum mehr zu bremsen.
Einen Wahnsinns-Sturkopf haben Sie ebenfalls. Was Sie sich einmal in den Kopf gesetzt haben, ziehen Sie auch durch. Und Sie sind schrecklich bequem und reagieren daher viel zu spät, wenn der Partnersegen einmal schief hängt.

*Venus-Check*

*Kann meine Venus gut allein sein?* Nein, sie teilt ihre Sinnlichkeit lieber mit jemandem.
*Sucht meine Venus Sicherheit?* Ja, extrem. Da müssen Sie sogar loslassen lernen.
*Besteht meine Venus auf Treue?* Keine Frage, sie teilt ihren Partner niemals.
*Ist meine Venus eifersüchtig?* Ja, und es drohen martialische Eifersuchtsszenen.
*Findet meine Venus leicht Partner?* Sie ist sehr begehrt und sollte keine Probleme haben.

## *Venus in den Zwillingen* – VERSPIELTE LIEBE

**Venusstärken** Vielseitig, verspielt, sexy
**Venusschwächen** Unruhig, gespalten

Ihre Venus macht Sie kindlich, verspielt, unschuldig, naiv, göttlich, raffiniert, charmant, unterhaltend – mit anderen Worten: Jeden Moment passiert etwas Neues. Liebe mit Ihnen ist ein Schweben auf Wolke sieben, ein Traum, so schön wie im schönsten Film. Ihre Hände können zaubern, Ihre Stimme ist wie ein warmer, zärtlicher Wind, und Ihre Worte schmeicheln und entführen in die Welt aus Tausendundeiner Nacht.

Die Liebe ist bestimmt der schönste Zeitvertreib, den es gibt. Aber Sie sind nicht abhängig von ihr – und schon gar nicht von einem anderen Menschen. Freiheit und Unabhängigkeit sind Ihnen nämlich beinahe noch wichtiger: Sie haben Ihren Mann (bzw. Ihre Frau) in Ihrem Inneren; Sie müssen daher mit niemandem zusammenwohnen, kochen, leben, alles teilen. Ganz ohne …? Schon möglich! Aber hundertprozentig sicher geht es nicht ohne Menschen. Andere entspannen sich vielleicht in den Bergen, in der Badewanne oder beim Schlafen. Sie brauchen Ihr Social life: Kontakte, Freunde, Begegnungen, Small talks. Was Sie lebendig hält, ist die Hoffnung und die Chance, daß jeden Augenblick etwas Neues, Unvorhergesehenes, Überraschendes passieren kann – vor allem in puncto Liebe.

Ein Problem gibt es auch, nämlich Ihren ewig rotierenden Verstand, der Ihnen zuweilen mitten in der schönsten Liebesgeschichte die Laune verdirbt.

*Venus-Check*

*Kann meine Venus gut allein sein?* Sie kann es, aber sie ist es selten.
*Sucht meine Venus Sicherheit?* Eher nicht. Sie kommt immer irgendwie zurecht.
*Besteht meine Venus auf Treue?* I wo, das kann sie selbst nicht, und das kann sie auch nicht von anderen verlangen.
*Ist meine Venus eifersüchtig?* Ja, leider, trotz aller Freiheitssuche.
*Findet meine Venus leicht Partner?* Ja, tonnenweise, damit hat sie kein Problem.

*Venus ist ein anderes Wort für Liebe,*
*Lust, Sex und Zärtlichkeit*

## *Venus im Krebs* – GEFÜHLVOLLE LIEBE

**Venusstärken** Zärtlich, hingebungsvoll
**Venusschwächen** Klammernd

In guten Zeiten sind Sie strahlend schön und unwiderstehlich erotisch. Unbekümmert wie ein Kind und gleichzeitig von ironischer Distanziertheit, können Sie über alles lachen – am meisten jedoch über die Liebe, dieses absurde, herrliche, verrückte, uralte und ewig neue Spiel, in dem die Menschen seit eh und je stets die gleichen Fehler machen …

Vielleicht zwei Tage später sind Sie wie umgewandelt: stumm, scheu, abwesend, in sich gekehrt und vollkommen verschlossen. Sich den Kopf darüber zu zerbrechen, wie man Sie wieder zum Lachen bringt, ist zwecklos. In diesem Gemütszustand wollen Sie allein sein – und Sie wollen leiden! Sind Sie eine Person mit vielen Gesichtern? Ein Verwandlungskünstler? Einfach nur launisch? Ja, aber vor allem sind Sie zu hundert Prozent gefühlsbestimmt. Und Gefühle folgen keiner Uhr, sondern sind unberechenbar wie Wetter, Wind oder die Wellen des Meeres.

Sich um mehr emotionale Ausgeglichenheit zu bemühen ist daher vergeblich – und wäre auch ein ganz falscher Weg. Stehen Sie zu Ihrer Venus! Sie macht Ihre Liebe aufregend, romantisch und geheimnisvoll. Und Sie macht die Liebe mit Ihnen zum göttlichen Akt. Denn Ihre Liebeskraft ist stärker als alles. Wen Sie lieben, der wird wie von magischen Fäden angezogen und kommt irgendwann nicht mehr von Ihnen frei. Ja, Ihre Liebe ist auch klammernd und verschlingend … Aber für einen Platz neben Ihnen sollte man bereit sein, alles andere aufzugeben.

*Venus-Check*

*Kann meine Venus gut allein sein?* Nein, sie ist nicht für das Alleinsein geboren.

*Sucht meine Venus Sicherheit?* Ja, eher zuviel Sicherheit sogar.

*Besteht meine Venus auf Treue?* Keine Frage, Sie geben alles, und Sie wollen alles.

*Ist meine Venus eifersüchtig?* Natürlich, denn Ihr Schatz ist Ihr ein und alles.

*Findet meine Venus leicht Partner?* Nein, das fällt ihr ziemlich schwer.

## *Venus im Löwen* – LUSTVOLLE LIEBE

**Venusstärken** Warmherzig, verspielt, stark
**Venusschwächen** Stolz

Zurückhaltung? Bescheidenheit? Schamgefühl? Kommt in Ihrem Repertoire nicht vor. Zumindest dann nicht, wenn es um eine Person geht, die Sie »haben« wollen (oder die Ihnen schon »gehört«). Dann nämlich wird Ihre Venus lebendig, die im Löwen steht, dem feurigsten Tierkreiszeichen überhaupt.
Kein Wunder, daß alle den Atem anhalten, wenn Sie erscheinen. In Ihnen steckt ein Lustobjekt, das gesehen, bewundert, betastet und – das besonders – verschönert, verziert, gekrönt werden möchte. Liebe geht bei Ihnen durch das Auge und kann nur mit Gold und Diamanten aufgewogen werden. Das soll nicht heißen, daß Sie jemanden nur des Geldes wegen lieben. Niemals lassen Sie sich kaufen, Sie schauen immer zuerst aufs Herz. Aber irgendein Schutzengel bringt Sie just mit solchen Frauen bzw. Männern zusammen, die – selbst wenn sie wie die Kirchenmaus beginnen – rasch zu Geld gelangen. Sieht alles aus, als wären Sie irre anspruchsvoll. Stimmt! Aber Sie sind auch eine Menge wert.
Wo so viel Licht ist, muß es doch auch Schatten geben: In Ihnen steckt (weiblich) eine Diva bzw. (männlich) ein Pascha. Beide wollen verwöhnt, verhätschelt, umworben, auf Händen getragen werden. Das ist anstrengend und führt zu Abhängigkeit. Kommt es dann aufgrund von Unverträglichkeit zu Trennungen, leiden Sie wie ein Tier. Weil Sie auch schrecklich stolz sind, versuchen Sie Ihre Schmerzen zu verstecken, was dumm und ungesund ist und das Desaster nur noch verschlimmert.

*Venus-Check*

*Kann meine Venus gut allein sein?* Wenn es sein muß. Aber schöner ist es zu zweit.
*Sucht meine Venus Sicherheit?* Nein, eher Anerkennung.
*Besteht meine Venus auf Treue?* Natürlich, schließlich sind Sie die/der Größte.
*Ist meine Venus eifersüchtig?* Ist sie, gibt es aber nicht zu.
*Findet meine Venus leicht Partner?* Sie wird gefunden, Ihre Venus.

## *Das Marshoroskop –*
## POTENT, AKTIV, ERFOLGREICH UND MÄNNLICH SEIN

Rötlich funkelnd wie Feuer oder Blut, so präsentiert sich nur ein Gestirn am nächtlichen Himmel: der Planet Mars. Abhängig von seiner Nähe zur Erde verändert sich obendrein die Intensität. Menschen früherer Zeiten erschauerten daher, wenn sein Rot zunahm. Sie sprachen von einem zornigen Auge am Himmel und betrachteten es als böses Omen.

In klassischer Zeit galt Mars als Kriegsgott und Beschützer im Kampf: »Beschütze uns, Mars, und schlage dafür den Feind mit Feigheit und Schwäche«, soll der römische Kaiser Titus Flavius vor seinen Schlachten gerufen haben.

Hinter Mars stecken allerdings nicht nur bedrohliche Eigenschaften: So schickt er zum Beispiel zündende Ideen, verleiht Startkraft und schenkt Courage. Mars sorgt für den richtigen Biß, um sich behaupten und Rivalen überwinden zu können. Er verleiht die für Konkurrenzgerangel unerläßlichen »spitzen Ellenbogen« und programmiert auf Sieg. Er verkörpert das Urmännliche, den heldenhaften, schönen Jüngling genauso wie einen sexbesessenen Macho. Mars steht auch einfach für Sex, Potenz und Triebkraft. In ganz besonderer Weise verrät die Marsposition die Art und Weise des Eroberungsspiels: Ob man direkt auf jemanden zugeht, abwartet oder gar zum Rückzug bläst – es ist Mars, der die Fäden zieht.

Er ist ein absolut männlicher Planet, vielleicht der männlichste überhaupt. Frauen besitzen zwar genau wie Männer ihren Mars, aber eher als Potential, als Anlagebild, und neigen dazu, ihn nicht selbst auszuleben, sondern ihn zu projizieren. Sie suchen sich Männer, die ihrem Mars entsprechen. Über diesen Umweg hat er dann doch Anteil an ihrem Leben. Frauen, die Berufe ergreifen, welche früher eher als typisch männlich galten – im Management beispielsweise –, leben ihren Mars weitgehend selbst. Mars ist der regierende Planet des Widders und besitzt daher viele Wesenszüge dieses Tierkreiszeichens.

## DIE ERMITTLUNG DES MARSZEICHENS

Suchen Sie in der folgenden Marstabelle Ihren Geburtstag, und entnehmen Sie Ihre Marsposition, die Sie auf den entsprechenden Text im anschließenden Kapitel über die Marszeichen verweist. (Siehe auch die Vorbemerkung am Beginn von Teil II dieses Buches.)

**Die Marstabelle**

**1920*** Waage, **1921** 20.5.–18.6. Zwillinge, 19.6.–22.6. Krebs, **1922** Schütze, **1923** 20.5.–30.5. Zwillinge, 31.5.–22.6. Krebs, **1924** Wassermann, **1925** Krebs, **1926** 20.5.–14.6. Fische, 15.6.–22.6. Widder, **1927** 20.5.–5.6. Krebs, 6.6.–22.6. Löwe, **1928** Widder, **1929** Löwe, **1930** 20.5.–2.6. Widder, 3.6.–22.6. Stier, **1931** 20.5.–10.6. Löwe, 11.6.–22.6. Jungfrau, **1932** 20.5.–21.6. Stier, 22.6. Zwillinge, **1933** Jungfrau, **1934** 20.5.–2.6. Stier, 3.6.–22.6. Zwillinge, **1935** Waage, **1936** Zwillinge, **1937** Skorpion, **1938** 20.5.–6.6. Zwillinge, 7.6.–22.6. Krebs, **1939** 20.5.– 24.5. Steinbock, 25.5.–22.6. Wassermann, **1940** Krebs, **1941** Fische, **1942** 20.5.–13.6. Krebs, 14.6.–22.6. Löwe, **1943** 20.5.–26.5. Fische, 27.5.–22.6. Widder, **1944** 20.5.–22.5. Krebs, 23.5.–22.6. Löwe, **1945** 20.5.–11.6. Widder, 12.6.–22.6. Stier, **1946** 20.5.–19.6. Löwe, 20.6.–22.6. Jungfrau, **1947** 20.5. Widder, 21.5.–22.6. Stier, **1948** Jungfrau, **1949** 20.5.–9.6. Stier, 10.6.–22.6. Zwillinge, **1950** 20.5.–11.6. Jungfrau, 12.6.–22.6. Waage, **1951** 20.5.–21.5. Stier, 22.5.–22.6. Zwillinge, **1952** Skorpion, **1953** 20.5.–13.6. Zwillinge, 14.6.–22.6. Krebs, **1954** Steinbock, **1955** 20.5.–25.5. Zwillinge, 26.5.–22.6. Krebs, **1956** 20.5.–2.6. Wassermann, 3.6.–22.6. Fische, **1957** 20.5.–20.6. Krebs, 21.6.–22.6. Löwe, **1958** 20.5.–6.6. Fische, 7.6.–22.6. Widder, **1959** 20.5.–31.5. Krebs, 1.6.–22.6. Löwe, **1960** 20.5.–19.6. Widder, 20.6.–22.6. Stier, **1961** Löwe, **1962** 20.5.–28.5. Widder, 29.5.–22.6. Stier, **1963** 20.5.–2.6. Löwe, 3.6.–22.6. Jungfrau, **1964** 20.5.–16.6. Stier, 17.6.–22.6. Zwillinge, **1965** Jungfrau, **1966** 20.5.–28.5. Stier, 29.5.–22.6. Zwillinge, **1967** Waage, **1968** 20.5.–20.6. Zwillin-

* Siehe auch die Anmerkung zur Mondtabelle.

ge, 21.6.–22.6. Krebs, **1969** Schütze, **1970** 20.5.–1.6. Zwillinge, 2.6.–22.6. Krebs, **1971** Wassermann, **1972** Krebs, **1973** 20.5.–20.6. Fische, 21.6.–22.6. Widder, **1974** 20.5.–8.6. Krebs, 9.6.–22.6. Löwe, **1975** 20.5. Fische, 21.5.–22.6. Widder, **1976** Löwe, **1977** 20.5.–5.6. Widder, 6.6.–22.6. Stier, **1978** 20.5.–13.6. Löwe, 14.6.–22.6. Jungfrau, **1979** Stier, **1980** Jungfrau, **1981** Zwillinge, **1982** Waage, **1983** Zwillinge, **1984** Skorpion, **1985** 20.5.–8.6. Zwillinge, 9.6.–22.6. Krebs, **1986** Steinbock, **1987** 20.5. Zwillinge, 21.5.–22.6. Krebs, **1988** 20.5.–21.5. Wassermann, 22.5.–22.6. Fische, **1989** 20.5.–16.6. Krebs, 17.6.–22.6. Löwe, **1990** 20.5.–30.5. Fische, 31.5.–22.6. Widder, **1991** 20.5.–25.5. Krebs, 26.5.–22.6. Löwe, **1992** 20.5.–14.6. Widder, 15.6.–22.6. Stier, **1993** Löwe, **1994** 20.5.–23.5. Widder, 24.5.–22.6. Stier, **1995** 20.5.–25.5. Löwe, 26.5.–22.6. Jungfrau, **1996** 20.5.–12.6. Stier, 13.6.–22.6. Zwillinge, **1997** 20.5.–19.6. Jungfrau, 20.6.–22.6. Waage, **1998** 20.5.–23.5. Stier, 24.5.–22.6. Zwillinge, **1999** Waage, **2000** 20.5.–15.6. Zwillinge, 16.6.–22.6. Krebs, **2001** Schütze, **2002** 20.5.–27.5. Zwillinge, 28.5.–22.6. Krebs, **2003** 20.5.–15.6. Wassermann, 16.6.–22.6. Fische

## *Mars im Widder* – DIREKTES EROBERUNGSSPIEL

**Marsstärken** Energisch, kühn, mutig, stolz
**Marsschwächen** Streitsüchtig, egoistisch

Sie haben einen tollen Mars! Als Herrscher des Widderzeichens, dessen Element zudem das Feuer ist, kann er sich hier so richtig entfalten. Diese Konstellation verleiht Feuer im Doppelpack, macht kämpferisch, mutig und furchtlos. Sie sind ein Draufgänger, ein Held und Abenteurer, jemand, der nicht lange fackelt, sondern nach seiner Fasson lebt und dafür sorgt, daß sein Wille geschehe.
Allerdings kann es sein, daß sich Ihr Mars (noch) »versteckt«, daß Sie sich und andere vor ihm schützen, ihn vielleicht unterdrücken oder verleugnen. Sie halten sich vielmehr für eine friedliche oder gehemmte Person. Das würde dann bedeuten, daß Sie Ihren Mars erst noch entdecken müssen. Vielleicht kennen Sie diese Kraft bisher nur als inneres Rumoren, als gelegentliches Beben, als völlig unerwarteten Wutausbruch. Möglicherweise steigt Ihnen Ihr Mars auch in den Kopf und macht sich dort schmerzhaft bemerkbar. Sie können jedenfalls sicher sein, daß dieser Mars zum Ausbruch drängt wie Feuer in einem Vulkan. Besser, Sie geben ihm rechtzeitig Raum und verschaffen sich so Luft! Was Ihnen hilft, ist eine Tätigkeit, die Ihnen möglichst viel Freiheit läßt. Erleichterung finden Sie auch über sämtliche aktiven Sportarten. Am wichtigsten aber ist, daß Sie mit der Zeit mehr und mehr zu Ihrem Mars stehen, sich mehr zutrauen, öfter mal über die Stränge schlagen und sich nicht selbst dafür tadeln, wenn Ihr »marsischer« Anteil über Sie kommt.

*Mars-Check*
*Wie gut setze ich mich durch?* Ich habe alle Voraussetzungen, um mich gut durchzusetzen.
*Wie aggressiv macht mich mein Mars?* Ich muß mich ausleben, sonst werde ich sehr aggressiv.
*Wieviel Sexpower verleiht mir mein Mars?* Wenn ich mich nicht selbst unterdrücke, habe ich jede Menge Sex.

## Mars im Stier – GENUSSVOLLES EROBERUNGSSPIEL

**Marsstärken** Ausdauernd, zäh, sinnlich
**Marsschwächen** Jähzornig, gierig, stur

Mars im Stier bedeutet eine Verbindung von Feuer (denn Mars ist ein Feuerplanet) und Erde (denn Stier ist vom Element her Erde). Diese Kombination verleiht Ihnen die Stärke eines mittleren Erdbebens. Was Sie anpacken, ziehen Sie auch durch, denn Sie haben nicht nur Kraft, sondern sind auch zäh und ausdauernd. Ihr Feuer brennt nicht lichterloh (um dann rasch in sich zusammenzufallen), es gleicht einer beständigen Glut. Darüber hinaus bringt die Begegnung des »Sexplaneten« Mars mit dem Tierkreiszeichen Stier eine betont sinnliche Komponente in Ihr Dasein. Die dritte Haupteigenschaft dieser Marsposition ist ein enormer Erwerbstrieb: Ihr Lebtag arbeiten Sie für Sicherheit, Geld, ein Haus, Luxus und was auch immer. Sie sind dafür geboren, das Fleckchen Erde, auf dem Sie leben, in ein blühendes Paradies zu verwandeln.
Möglicherweise aber führt Ihr Mars ein Schattendasein, und Sie kennen ihn noch gar nicht richtig. Vielleicht schätzen Sie Ihr Leben überhaupt nicht als übermäßig sinnlich ein oder bezeichnen sich sogar als arm. Aber das heißt nur, daß Sie Ihren Mars noch nicht »gefunden« haben. Dennoch existiert er, seine kolossale Kraft, seine Sinnlichkeit und der Zug zu Reichtum schlummern in Ihnen.
Was Ihnen hilft, Ihren Mars zu »wecken«, ist körperliche Bewegung und Kontakt mit der Natur. Am wichtigsten aber ist, daß Sie an Ihren Mars glauben und in Ihrem Denken und Handeln Raum dafür schaffen.

*Mars-Check*
*Wie gut setze ich mich durch?* Wenn ich angegriffen werde, werde ich stark.
*Wie aggressiv macht mich mein Mars?* Ich kann furchtbar wütend werden, wenn man mich reizt.
*Wieviel Sexpower verleiht mir mein Mars?* Darüber muß man kein Wort verlieren – oder höchstens eines: viel ...!

## *Mars in den Zwillingen –* VERSPIELTES EROBERUNGSSPIEL

**Marsstärken** Gewandt, neugierig, vielseitig
**Marsschwächen** Unkonzentriert, zerstreut

Mars in den Zwillingen hilft Ihnen, ein unternehmerischer, vielseitig interessierter und talentierter Mensch zu sein. Diese Konstellation verleiht Ihnen ein Feuer, das mutig und unerschrocken macht. Mit Mars, dem Feuerplaneten, und Zwillinge, einem Luftzeichen, treffen zwei Elemente aufeinander, die eine sehr günstige Mischung ergeben: Feuer braucht Luft. Im übertragenen Sinne bedeutet Luft Kommunikation. Daraus folgt, daß Sie vitaler, lebendiger und feuriger werden, sobald Sie unter Menschen sind. Hingegen dämpft Alleinsein Ihr Temperament. Oder die Gedanken beginnen zu rotieren, und Sie können Ihren Kopf nicht mehr abschalten.
Ihre durch Mars in den Zwillingen gesteigerte Neugierde, Ihr Interesse an allem, läßt sich jedoch nur im Kontakt mit Ihrer Außenwelt ausreichend befriedigen.
Allerdings kann es auch sein, daß Sie Ihren Mars noch gar nicht richtig entdeckt haben und ihn daher nicht ausleben können. Ihr eigenes Leben kommt Ihnen vielleicht überhaupt nicht übermäßig interessant und abwechslungsreich, sondern eher ziemlich langweilig vor. Das hieße dann aber, daß Sie Ihren Mars schleunigst ans Licht holen sollten. In jedem Fall existiert diese lebendige Kraft in Ihnen. Daran gibt es keinen Zweifel.

*Mars-Check*
*Wie gut setze ich mich durch?* Verbal kann ich mich prima durchsetzen.
*Wie aggressiv macht mich mein Mars?* Ich schimpfe höchstens einmal kräftig.
*Wieviel Sexpower verleiht mir mein Mars?* Ich bin kein wildes Tier, aber ich habe viel Lust am Sex.

## *Mars im Krebs* – GEFÜHLVOLLES EROBERUNGSSPIEL

**Marsstärken** Gefühlsstark, strebsam
**Marsschwächen** Nachlässig, »zickig«

Mars, der Feuerplanet, und Krebs, von seiner Energie her ein Wasserzeichen, treffen aufeinander. Das kann dazu führen, daß das Feuer zunächst einmal im Wasser erlischt. Dann ist man ein Mensch, der Schwierigkeiten hat, seinen Willen durchzusetzen, die Ellenbogen zu benutzen, sich zu behaupten – denn all dies sind Eigenschaften, die der Planet Mars verleiht. Zugleich ist man innerlich gespannt, spürt Wut, Frustration und Ungenügen, kann damit aber nicht richtig herausrücken.
Es gibt jedoch auch die Möglichkeit, den Mars im Krebs zu transformieren. Dabei gilt es zu akzeptieren, daß man zwar nicht so direkt und forsch handeln kann, wie man es bei einem ungebremsten Mars erwarten würde, dafür aber ein tiefes Gefühlsleben besitzt. Mit Mars im Krebs ist man in positivster Weise ein Mensch, der tief in sich hineinschaut und seine Seele (und auch die anderer) kennt. Wenn Sie Ihren Mars so leben und erleben, sind Sie ein rezeptiver, kreativer Mensch, einer, der durch sein Mitschwingen mit anderen und sein psychologisches Gespür am Ende genauso viel erreicht wie Menschen mit anderen Marspositionen.
Allerdings kann es auch sein, daß Ihr Mars noch ein Schattendasein führt. Sie schätzen ihn nicht und versuchen, ihn durch effektiveres Verhalten zu ersetzen. Nur funktioniert das so eben nicht: Am Ende werden Sie noch unsicherer sein.
Stehen Sie zu Ihrem Mars! Leben Sie Ihren Mars mit all seinen Widersprüchen. Betreiben Sie Weiterbildung in Sachen Psychologie. Das hilft Ihnen, sich selbst besser zu verstehen.

*Mars-Check*
*Wie gut setze ich mich durch?* Auf direktem Wege fällt es mir schwer, mich durchzusetzen.
*Wie aggressiv macht mich mein Mars?* Es dauert lange, bis ich wütend werde.
*Wieviel Sexpower verleiht mir mein Mars?* Wenn ich mich sicher fühle, bin ich sehr erotisch.

## *Mars im Löwen* – IMPOSANTES EROBERUNGSSPIEL

**Marsstärken** Selbstbewußt, herzlich, stolz
**Marsschwächen** Selbstsüchtig, eitel

Sie haben einen besonders starken Mars, und das hat seinen guten Grund: Der feurige Planet Mars begegnet dem Löwen, einem dem Element Feuer zugehörenden Zeichen. Feuer trifft also auf Feuer, verdoppelt sich, wird zur lodernden Flamme. Da Feuer ein Symbol gleichermaßen für Tatkraft wie geistige Regsamkeit ist, müssen Sie ein dynamischer, unternehmungsfreudiger Mensch sein, dessen Wirken durchdrungen ist von geistiger Weitsicht und Größe. Ihren hohen Ansprüchen, mit denen Sie um die Durchsetzung Ihrer Ziele kämpfen, steht eine einnehmende Herzlichkeit und eine lockere, beinahe spielerische Haltung gegenüber. Man könnte meinen, Ihre Erfolge fallen Ihnen einfach in den Schoß. Aber Sie bekommen nichts »gratis«. Sie sind dem Leben und anderen Menschen gegenüber immer hilfsbereit und großzügig – und das gibt Ihnen das Leben zurück.
Sollten Sie sich in diesem Bild nicht finden und sich vom Leben eher benachteiligt als beschenkt fühlen, führt Ihr Mars ein Schattendasein. Sie haben ihn noch gar nicht richtig entdeckt und können ihn daher nicht ausleben.
Was Ihnen hilft, Ihren Mars zu »wecken«, ist Bewegung, Tanz, aktiver Sport. Vor allem aber müssen Sie direkter, spontaner und selbstbewußter werden. Sie müssen sich mit dem Mars in Ihrem Inneren verbinden – es ist alles da, was Sie brauchen.

*Mars-Check*
*Wie gut setze ich mich durch?* Damit habe ich überhaupt keine Probleme.
*Wie aggressiv macht mich mein Mars?* Ich bin nicht leicht aus der Ruhe zu bringen. Aber wenn es sein muß, kann ich richtig toben.
*Wieviel Sexpower verleiht mir mein Mars?* Starken Partnern schenke ich alles – Schwächlinge schläfern mich ein.

## *Mars in der Jungfrau –* VERSTECKTES EROBERUNGSSPIEL

**Marsstärken** Geistig fit, vernünftig, aktiv, arbeitsmotiviert, fleißig
**Marsschwächen** Zwanghaft, überängstlich

Feuer und Erde verbinden sich bei der Konstellation Mars in der Jungfrau, einem Erdzeichen. Feuer und Erde zusammen wecken Aktivität, Arbeitswillen, Genauigkeit und Realitätssinn. Ihr Feuer gleicht einer anhaltenden Glut. Das macht Sie zu einem Menschen, der gern und gut arbeitet, ausdauernd und präzise ist, strategisch vorgeht und sich nicht unüberlegt in seine Arbeit stürzt. Mars in der Jungfrau macht auch vorsichtig. Das kann unter Umständen in Kleinlichkeit und Angst ausarten. Auch eine übertrieben kritische Haltung sich selbst und anderen gegenüber kann die Folge sein. Sie brauchen daher ein Ventil, etwas, das Ihnen erlaubt, Ihren Mars ohne zuviel Kontrolle und Analyse ausleben zu können, wie zum Beispiel Sport oder andere körperliche Aktivitäten. Auch riskante Freizeitbeschäftigungen (Paragliding, Klettern) sind für Sie und Ihren Mars geeignet: Sie passen nämlich gut auf sich auf – und Ihrem Mars ist Genüge getan. Das wiederum kommt, zusammen mit der Jungfrauenergie, Ihrem Schaffen zugute.
Sie sollten auch einen Weg finden, Ihre Wut und Ihre Verletzungen besser zu zeigen. Mit Mars in der Jungfrau neigt man nämlich dazu, seine Aggressionen zu unterdrücken und irgendwo zu »bunkern« – bis dann das Maß voll ist und man wegen einer Kleinigkeit »an die Decke geht«.

*Mars-Check*
*Wie gut setze ich mich durch?* Ich habe Probleme, mich durchzusetzen.
*Wie aggressiv macht mich mein Mars?* Ich brauche lange, bis ich explodiere.
*Wieviel Sexpower verleiht mir mein Mars?* Ich bin kein Hengst, aber auch keine Schnecke. Erfolg macht mich sexy.

## *Mars in der Waage* – RAFFINIERTES EROBERUNGSSPIEL

**Marsstärken** Lebhaft, gesellig, charmant, beliebt, ausgleichend, korrekt
**Marsschwächen** Ausschweifend, untreu, unmäßig

Mit Ihrer Marsposition vereinigen sich Feuer (Mars) und Luft (Waage). Diese Kombination kommt beiden Elementen zugute und wertet sie auf. Sie sind daher ein leichter, »luftiger« Mensch von sanguinischem Temperament und besitzen die Gabe, andere rasch für sich einzunehmen. Ihr Auftreten ist charmant, einfühlsam, zuvorkommend. Ihr Mars in der Waage macht Sie auch zu einem Streiter für Frieden und Ausgleich. Wo immer Ungerechtigkeiten und Zwietracht herrschen, fühlen Sie sich aufgerufen, zu schlichten und zu versöhnen. Zuweilen bricht aber auch bei Ihnen Mars in all seiner Heftigkeit durch, nämlich dann, wenn Sie zu lange versucht haben, ihn zu kontrollieren und zu unterdrücken.
Mars in der Waage führt auch zu starker Denkarbeit. Sie glauben, alle Probleme mit dem Kopf lösen zu können. Wichtig ist, sich für Ihren Mars ein Ventil zu suchen. Man kann diesen Planeten nicht zu permanenter Friedfertigkeit veranlassen. Aber wenn Sie ihn anderweitig leben, beim Sport, bei abenteuerlicher Freizeitgestaltung, dann gelingt es Ihnen besser, Ihren Mars für Ihre friedlichen Missionen einzuspannen. Ein weiteres Plus Ihrer Marsposition sind ein guter Geschmack und künstlerisches Talent.

*Mars-Check*
*Wie gut setze ich mich durch?* Ich bin ein guter Taktiker.
*Wie aggressiv macht mich mein Mars?* Eigentlich bin ich sehr friedlich, aber manchmal explodiere ich schon wegen einer Kleinigkeit.
*Wieviel Sexpower verleiht mir mein Mars?* Sex habe ich genug. Aber ich suche mehr, und zwar geistiges Verstehen.

## *Mars im Skorpion* – INBRÜNSTIGES EROBERUNGSSPIEL

**Marsstärken** Kraftvoll, ausdauernd, hartnäckig, leidenschaftlich, furchtlos und mutig
**Marsschwächen** Lasterhaft, rachsüchtig

Ihnen steht ein besonderer Mars, eine starke, vitale Kraft zur Seite. Sie sind ausgesprochen zäh, wenn es um die Verwirklichung eines Zieles geht, an dem Ihnen auch emotional liegt. Selbst Mühen und Unannehmlichkeiten, mit denen sich andere Menschen nicht belasten würden, nehmen Sie dann gern in Kauf. Nicht verwunderlich ist es, daß diese Hartnäckigkeit mitunter zu außerordentlichen Leistungen führt. Dennoch sind Sie kein Kraftprotz, einer, der die Muskeln spielen läßt und bei jeder Gelegenheit zeigen will, was er draufhat. Skorpion ist vom Element her ein Wasserzeichen. Die Kraft des Planeten Mars ist nicht auf äußere Wirkung aus. Seine Power geht nach innen. Diese Marsposition führt dazu, daß Sie instinktiv wissen, wann Ihr Einsatz wichtig ist, wann etwas Bedeutsames und Wichtiges ansteht und erledigt werden muß: Dann werden Sie zum »Helden«. Daher ist Ihnen zu raten, Herausforderungen zu suchen und anzunehmen. Nur dann steht Ihr Mars voll auf Ihrer Seite, während Sie sonst beinahe müde und lustlos sein können.
Ihr Mars neigt zur Zerstörung. Das ist immer dann gut, wenn etwas alt, verbraucht, überholt und ein neuer Anfang angezeigt ist. Aber hüten Sie sich vor mutwilliger Zerstörung! – Mit Mars im Skorpion verfügen Sie auch über eine kolossale Sexpower. Sie sind leidenschaftlich, triebstark und letztendlich beseelt von der Idee, für Nachwuchs zu sorgen.

*Mars-Check*
*Wie gut setze ich mich durch?* Ich bringe meine Power indirekt ein und setze so meinen Willen durch.
*Wie aggressiv macht mich mein Mars?* Ich kann alles zerstören.
*Wieviel Sexpower verleiht mir mein Mars?* Mehr als allen anderen.

## *Mars im Schützen* – FEURIGES EROBERUNGSSPIEL

**Marsstärken** Schlagfertig, gerecht, begeisterungsfähig, klar und offen
**Marsschwächen** Streitbar, aggressiv, beleidigend

Mit Mars im Schützezeichen trifft Feuer wieder auf Feuer und wird zur lodernden Flamme: Ihr Mars zeigt sich mit besonderer Intensität. Da Feuer ein Symbol gleichermaßen für Tatkraft wie geistige Regsamkeit ist, müssen Sie ein dynamischer, unternehmungsfreudiger Mensch sein, dessen Wirken durchdrungen ist von geistiger Weitsicht und Größe. Ihr Handeln und Wirken wird stark von Idealen geleitet: von Gerechtigkeit, Ritterlichkeit und Fairneß. Sie sind leicht zu begeistern und – einmal in Schwung – kaum zu bremsen. Was Sie brauchen, ist ein Ziel, eine Hoffnung, eine Perspektive, sonst erlischt Ihr Feuer.
Allerdings kann es auch sein, daß Ihr Mars noch ein Schattendasein führt, daß Sie ihn noch gar nicht richtig entdeckt haben. Vielleicht meinen Sie, keineswegs feurig oder übermäßig aktiv zu sein, sondern erleben sich eher als passiven Zeitgenossen. Dies hieße dann, daß Sie einen Teil Ihres Selbst negieren – und sich auf die Suche nach Ihrem Mars begeben sollten.
Was Ihnen hilft, Ihren Mars zu »wecken«, ist Bewegung, Tanz, aktiver Sport und Reisen. Vor allem aber müssen Sie direkter, spontaner und selbstbewußter werden. Sie müssen sich mit dem Mars in Ihrem Inneren verbinden – es ist alles da, was Sie brauchen.

*Mars-Check*
*Wie gut setze ich mich durch?* Solange Fairneß herrscht, kann ich mich prima durchsetzen.
*Wie aggressiv macht mich mein Mars?* Ich bin nicht aggressiv, aber für eine gute Sache werde ich zum heiligen Krieger.
*Wieviel Sexpower verleiht mir mein Mars?* Sex bringt mich dem Himmel näher.

## *Mars im Steinbock –* BERECHNENDES EROBERUNGSSPIEL

**Marsstärken** Verantwortungsvoll, geduldig, zäh, mutig, tatkräftig
**Marsschwächen** Eigenwillig, mißmutig

Mars im Steinbock führt zu einer Verbindung von Feuer und Erde, da der Steinbock zu den Erdzeichen zählt. Feuer und Erde zusammen wecken Arbeitswillen, Genauigkeit und Realitätssinn. Ihr Feuer brennt nicht lichterloh (um sich dann rasch zu verzehren), sondern lang anhaltend wie eine wohlgeschürte Glut. Das macht Sie zu einem Menschen, der gern und gut arbeitet, ausdauernd und präzise ist, strategisch vorgeht und sich nicht unüberlegt in seine Tätigkeiten stürzt. Mars im Steinbock macht auch extrem widerstandsfähig. Man kann Sie mit einem Diamantbohrer vergleichen, der sich in eine Sache unaufhaltsam hineinfrißt. Mars im Steinbock macht erfolgreich. Er verleiht Ihnen die entsprechende Motivation und ein Gespür für Machtverhältnisse.
Diese Konstellation bedeutet aber auch, daß sich Mars total wandeln muß. Aus einer impulsiven, feurigen, leicht erregbaren, leidenschaftlichen Energie wird eine kontrollier- und regelbare Kraft, die sich einer höheren Absicht fügt und dem Allgemeinwohl dient. Sie dürfen allerdings die ursprüngliche Qualität von Mars nicht vollständig verlieren. Das würde zu Aggressionsstau und unter Umständen sogar zu gesundheitlichen Problemen führen. Es ist also wichtig, sich für Ihren Mars ein Ventil zu suchen. Wenn Sie ihn anderweitig leben, beim Sport oder bei abenteuerlicher Freizeitgestaltung, dann gelingt es Ihnen besser, Ihren Mars für Ihre höheren Zwecke einzuspannen.

*Mars-Check*
*Wie gut setze ich mich durch?* Ich bin ein harter Arbeiter und schaffe alles, was ich will.
*Wie aggressiv macht mich mein Mars?* Normalerweise bin ich friedlich. Wer es aber drauf anlegt, wird mich kennenlernen.
*Wieviel Sexpower verleiht mir mein Mars?* Wenn die Verhältnisse stimmen, hole ich mir auch hier meine Gipfelerlebnisse!

## *Mars im Wassermann –* GEISTREICHES EROBERUNGSSPIEL

**Marsstärken** Aufgeweckt, innovativ, selbständig, schöpferisch
**Marsschwächen** Prahlerisch, eingebildet

Mit Ihrer Marsposition vereinigen sich Feuer (Mars) und Luft (Wassermann). Diese Kombination kommt beiden Elementen zugute und wertet sie auf. Sie sind daher ein leichter, »luftiger« Mensch, der die Gabe besitzt, andere für sich einzunehmen. Ihr Auftreten ist charmant, einfühlsam und zuvorkommend.
Alltag, graues Einerlei, tägliche Routine erzeugen bei Ihnen eine Gänsehaut. Sie möchten Neues erschaffen, eingefahrene Gleise verlassen, originell und schöpferisch sein. Freiheit ist für Sie überaus wichtig. Sie arbeiten besser, wenn Sie nicht ständig jemand gängelt. Sie sind der geborene »Freelancer«. Ihr ausgeprägtes Improvisationstalent ermöglicht Ihnen, originelle und unkonventionelle Lösungen zu finden, wenn Sie nicht durch Vorgaben eingeschränkt werden. In Beziehungen wird es Ihnen ebenfalls schnell zu eng. Eine Ehe bereitet Ihnen (auch) Probleme, Sie fühlen sich unfrei, wie »eingesperrt«.
Vielleicht aber entspricht diese Charakterisierung nicht Ihrem Selbstbild: Weder schätzen Sie sich als unabhängig oder freiheitsliebend noch als übermäßig schöpferisch ein. Dann ist zu vermuten, daß Ihr Mars noch auf seine Entdeckung wartet. Machen Sie sich auf die Suche! Was Ihnen hilft, Ihren Mars zu »wecken«, ist Bewegung, vor allem Tanz. Noch wichtiger aber ist, unkonventioneller und spontaner zu werden. Sie müssen sich mit dem Mars in Ihrem Inneren verbinden – es ist alles da, was Sie benötigen.

*Mars-Check*
*Wie gut setze ich mich durch?* Ich bin genial, aber nicht unbedingt durchsetzungsstark.
*Wie aggressiv macht mich mein Mars?* Ich hasse aggressive Menschen.
*Wieviel Sexpower verleiht mir mein Mars?* Sex ist schön, aber er ist nicht alles.

## *Mars in den Fischen –* SPHINXHAFTES EROBERUNGSSPIEL

**Marsstärken** Empfänglich, intuitiv, einfühlsam, kreativ
**Marsschwächen** Willensschwach, beeinflußbar, täuschbar

Der Feuerplanet Mars steht im Wasserzeichen Fische: Feuer und Wasser treffen aufeinander. Das kann dazu führen, daß das Feuer zunächst einmal ausgeht. Dann sind Sie jemand, der Schwierigkeiten hat, seinen Willen durchzusetzen, die Ellenbogen zu benutzen und sich zu behaupten – denn all dies sind marsische Eigenschaften. Gleichzeitig fühlen Sie sich jedoch innerlich gespannt, spüren Wut, Enttäuschung und Ungenügen, kommen damit aber nicht richtig heraus.
Es gibt jedoch auch die Möglichkeit, den Mars in den Fischen zu transformieren. Dazu muß man akzeptieren, daß man zwar nicht so direkt und forsch vorgeht, wie man es bei einem ungebremsten Mars erwarten würde, dafür aber eine andere Fähigkeit besitzt, nämlich ein kolossales Gespür. Das Fischezeichen ist seinem Wesen nach »transparent«, es besitzt keine klaren Grenzen, versetzt jemanden daher in die Lage, sich universell zu »vernetzen«. Man besitzt also eine Art sechsten Sinn, spürt andere Menschen, die sich nicht einmal in der Nähe aufhalten, ja, vermag sich sogar in die Zukunft zu »beamen«. Mars kann all diese Fähigkeiten noch steigern: Man wird zum paranormalen Individuum.
Wenn Sie Ihren Mars so in Ihr Leben integrieren, sind Sie ein Mensch, der durch sein Mitschwingen mit anderen und sein psychologisches Gespür am Ende genauso viel erreicht wie Menschen mit anderen Marspositionen.

*Mars-Check*

*Wie gut setze ich mich durch?* Damit habe ich Probleme. Versuche ich es dennoch, muß ich von der Sache hundertprozentig überzeugt sein.
*Wie aggressiv macht mich mein Mars?* Es dauert ewig, bis ich aus der Haut fahre.
*Wieviel Sexpower verleiht mir mein Mars?* Sex ist wunderbar, aber er ist nicht alles ...

## *Das Jupiterhoroskop –*
## INNERLICH UND ÄUSSERLICH REICH UND ERFOLGREICH SEIN

*Jupiterzeichen*

Nachts, wenn Venus nicht mehr (oder noch nicht) am Himmel leuchtet, ist Jupiter einer der hellsten Sterne überhaupt. Kein Wunder daher, daß er unseren Vorfahren, die der Nacht in viel umfassenderem Maße ausgeliefert waren als wir heute in unserer künstlich erhellten Zeit, ein Symbol für Hoffnung, Trost, Stimmigkeit und Gerechtigkeit war. Oft verband man ihn mit der obersten Gottheit.

So auch in der griechischen Mythologie, auf die sich die Symbolik der Astrologie entscheidend bezieht. Jupiter heißt bei den Griechen »Zeus«, und über ihn gibt es – wie bereits weiter vorn im Zusammenhang mit Castor und Pollux gesagt wurde – unzählige Mythen. So war er es, der gegen seinen Vater Saturnus bzw. Kronos, den obersten der Titanen, antrat und ihn besiegte. Saturnus hatte nämlich außer Zeus alle seine Nachkommen aufgefressen, weil ihm geweissagt worden war, daß ihn eines seiner Kinder vom Thron stoßen würde. Rheia, Zeus' Mutter, versteckte ihren Sohn vor dem Vater, und die Prophezeiung erfüllte sich: Zeus entthronte ihn und warf ihn in den Tartaros. Andere Geschichten über Zeus/Jupiter erzählen eher Delikates. So gelüstete es den obersten Gott wie gesagt immer wieder nach weltlichen Frauen, die er durch List dazu brachte, mit ihm zu schlafen und Kinder von ihm zu empfangen. Wie gesagt verwandelte er sich bei Leda zum Beispiel in einen Schwan und zeugte mit ihr Pollux. Auch Herakles und Dionysos entstammten seinem gemeinsamen Lager mit sterblichen Frauen. Gezeugt durch den unsterblichen Jupiter, erlangten seine Kinder ebenfalls die Unsterblichkeit.

Die Position Jupiters im Horoskop verweist daher einerseits auf tiefe Einsichten: Jupiter sorgt dafür, daß uns »ein Licht aufgeht«, wir letzten Endes weise werden. Auf der anderen Seite verkörpert Jupiter eine Gestalt, der eine unendlich große Liebe zukommt. Sinnbildlich gesprochen, sehnt sich der Mensch danach, sich mit dem göttlichen Jupiter zu vereinigen, um Kinder (symbolisch für Ideen und Taten) zu gebären, die unsterblich sind.

Des weiteren repräsentiert Jupiter den großen Helfer und Heiler. Dort, wo er im Horoskop steht, findet der Mensch Kräfte, sich und andere zu trösten und zu stärken. Am bekanntesten ist Jupiter in der Astrologie aber deswegen, weil er das Glück verheißt.

## DIE ERMITTLUNG DES JUPITERZEICHENS

Suchen Sie in der Jupitertabelle Ihren Geburtstag, und entnehmen Sie Ihre Jupiterposition, die Sie auf den entsprechenden Text im anschließenden Kapitel über die Jupiterzeichen verweist. (Siehe auch die Vorbemerkung am Beginn von Teil II dieses Buches.)

### Die Jupitertabelle

**1920*** Löwe, **1921** Jungfrau, **1922** Waage, **1923** Skorpion, **1924** Schütze, **1925** Steinbock, **1926** Wassermann, **1927** 20.5.–6.6. Fische, 7.6.–22.6. Widder, **1928** 20.5.–4.6. Widder, 5.6.–22.6. Stier, **1929** 20.5.–12.6. Stier, 13.6.–22.6. Zwillinge, **1930** Zwillinge, **1931** Krebs, **1932** Löwe, **1933** Jungfrau, **1934** Waage, **1935** Skorpion, **1936** Schütze, **1937** Steinbock, **1938** Fische, **1939** Widder, **1940** Stier, **1941** 20.5.–25.5. Stier, 26.5.–22.6. Zwillinge, **1942** 20.5.–9.6. Zwillinge, 10.6.–22.6. Krebs, **1943** Krebs, **1944** Löwe, **1945** Jungfrau, **1946** Waage, **1947** Skorpion, **1948** Schütze, **1949** Wassermann,**1950** Fische, **1951** Widder, **1952** Stier, **1953** Zwillinge, **1954** 20.5.–23.5. Zwillinge, 24.5.–22.6. Krebs, **1955** 20.5.–12.6. Krebs, 13.6.–22.6. Löwe, **1956** Löwe, **1957** Jungfrau, **1958** Waage, **1959** Skorpion, **1960** 20.5.–10.6. Steinbock, 11.6.–22.6. Schütze, **1961** Wassermann, **1962** Fische, **1963** Widder, **1964** Stier, **1965** Zwillinge, **1966** Krebs, **1967** 20.5.–22.5. Krebs, 23.5.–22.6. Löwe, **1968** 20.5.–15.6. Löwe, 16.6.–22.6. Jungfrau, **1969** Jungfrau, **1970** Waage, **1971** 20.5.–5.6. Schütze, 6.6.–22.6. Skorpion, **1972** Steinbock, **1973** Wassermann, **1974** Fische, **1975** Widder, **1976** Stier, **1977** Zwillinge, **1978** Krebs, **1979** Löwe, **1980** Jungfrau, **1981** Waage, **1982** Skorpion, **1983** Schütze, **1984** Steinbock, **1985** Wassermann, **1986** Fische, **1987** Widder, **1988** Stier, **1989** Zwillinge, **1990** Krebs, **1991** Löwe, **1992** Jungfrau, **1993** Waage, **1994** Skorpion, **1995** Schütze, **1996** Steinbock, **1997** Wassermann, **1998** Fische, **1999** Widder, **2000** Stier, **2001** Zwillinge, **2002** Krebs, **2003** Löwe

*Siehe auch die Anmerkung zur Mondtabelle.

## *Jupiter im Widder* – DAS GLÜCK DES FEUERS

**Jupiterstärken** Selbstvertrauen, Optimismus
**Jupiterschwächen** Prahlerei

Ihr Glück ist für Sie die Möglichkeit, Ihren Willen und Ihre Impulse spontan und unmittelbar umsetzen zu können. Sie sind ein Abenteurer – in Wirklichkeit wie im Geiste. Sie möchten wie Kolumbus die Welt entdecken. Und wie Einstein, Hildegard von Bingen oder Galileo Galilei den Gipfel menschlicher Erkenntnis erreichen. Wenn Sie sich bewegen, geistig wie körperlich, sind Sie Ihrem Schöpfer am nächsten. Stillstand hingegen weckt Resignation; Sie fühlen sich fern und ausgestoßen vom großen Ganzen. Durch Ihre optimistische und positive Weltauffassung sind Sie dafür bestimmt, anderen voranzugehen oder ihnen den Weg zu weisen. Denn Sie tragen eine Fackel des Lichts und der Wahrheit.
So schlummert auch ein Heiler und Prophet in Ihnen, der im Lauf Ihres Lebens geweckt werden will. Bevor Sie allerdings selber ein Lichtbringer sein können, werden Sie Persönlichkeiten suchen, die Ihnen auf Ihrem eigenen Weg ein Vorbild sind. Mit der Gabe, andere zu führen, müssen Sie behutsam umgehen. Hüten Sie sich, andere zu blenden oder sich über deren Unwissen zu erheben. Sie dürfen Ihre Demut nie verlieren, und Sie dürfen nicht vergessen, daß Sie selbst auch – und sogar zuallererst – ein Suchender sind.

*Jupiter-Check*
*Wie habe ich Erfolg, inneres und äußeres Glück?* Durch Handeln, Reisen, Unternehmungen, Initiativen.
*Wie kann ich helfen und heilen?* Durch tatkräftiges Unterstützen, Körpertherapie, Yoga, Sport, Wärme. Andere motivieren, ihnen Mut zusprechen.

## *Jupiter im Stier* – DAS GLÜCK DER ERDE

**Jupiterstärken** Geduld, Großzügigkeit
**Jupiterschwächen** Bequemlichkeit

Ihr Glück liegt im ungestörten Genuß. Überfluß und Sicherheit bedeuten für Sie die Erfüllung Ihrer Wünsche. Natürlich würden Sie Ihr erstrebtes Glück, wenn es möglich wäre, herbeizaubern, aber Sie können auch warten. Wie ein Gärtner geduldig sät und die wachsenden Pflanzen hegt, damit sie zur vollen Größe gedeihen können, so überwachen Sie Ihr Hab und Gut, Ihre Anlagen und Talente und entwickeln sie zur vollen Reife.
Der Vergleich mit dem Gärtner ist auch in anderer Hinsicht passend. Denn Sie lieben die Natur. Eine Waldlichtung im Frühling erscheint Ihnen als Dom, und Sie sind Ihrem Schöpfer dort vielleicht näher als in einer Kirche. Die Natur zeigt Ihnen absolute Ordnung, Stimmigkeit und Erfüllung. Und Natur heilt. Sie heilt Sie, wenn Sie erschöpft oder krank sind. Sie brauchen sich nur unter einen Baum zu legen, und Sie fühlen sich sofort besser.
In der Natur finden Sie aber auch die Stoffe, um andere zu heilen. Nahrung, Heilkräuter, homöopathische Essenzen. Alles erhält durch Ihren Jupiter eine höhere Potenz, heilt und macht ganz. Sie sollten sich jedoch davor hüten, sich im reinen Besitz zu verlieren: Ein Baum sammelt nicht die Erde, die ihn hält, er benützt sie, um in den Himmel zu wachsen.

*Jupiter-Check*
*Wie habe ich Erfolg, inneres und äußeres Glück?* Durch Geduld und Nähe zur Erde. Durch materiellen Wohlstand. Durch Liebe und Sinnlichkeit.
*Wie kann ich helfen und heilen?* Durch die Heilkräfte der Natur. Aber auch allein ihre Nähe beruhigt und heilt.

## *Jupiter in den Zwillingen –* DAS SELBSTVERSTÄNDLICHE GLÜCK

**Jupiterstärken** Begeisterungsfähigkeit
**Jupiterschwächen** Ruhelosigkeit

Ihr Glück finden Sie im Alltäglichen, auf einem Wochenmarkt, im Zug, bei einer Unterhaltung mit Freunden und Bekannten. Aber auch zu Menschen, die Sie noch nicht kennen, finden Sie rasch einen Bezug und große Nähe. Dieses »kleine Glück« bedeutet Ihnen wesentlich mehr als die Suche nach großer und absoluter Erfüllung.
Sie haben eine enorme sprachliche Begabung und werden in Ihrem Leben bestimmt mehrere Sprachen lernen. Sie können auch gut schreiben und sprechen.
Um sich wohl zu fühlen, brauchen Sie die Geselligkeit, den verbalen Austausch und die lebendige Kommunikation. Unter Menschen finden Sie zu sich und fühlen sich aufgehoben im Ganzen der Schöpfung. Allein hingegen verlieren Sie Ihre innere Sicherheit und den tiefen Glauben, daß alles sinnvoll und von höherem Willen getragen ist. Daher ist es auch Ihre Aufgabe, Menschen miteinander zu verbinden, damit sie sich nicht als Individuen erfahren, die wie Robinson Crusoe »allein auf einer Insel« leben. Der Mensch ist ein soziales Wesen. Er wächst in einer Familie auf, schafft sich später seine eigene Familie, seine Arbeitswelt, seine Freunde. Selbst wenn er die Erde verläßt, geht er nicht in die Einsamkeit, sondern dorthin, wo sich immer schon alle aufhalten. Sie sind auf der Welt, um Menschen aus ihrer Einsamkeit zu befreien, in die sie irrtümlicherweise geraten sind.

*Jupiter-Check*
*Wie habe ich Erfolg, inneres und äußeres Glück?* In den »kleinen«, alltäglichen Dingen, die um Sie herum sind. Und in der Begegnung mit anderen.
*Wie kann ich helfen und heilen?* Durch gute Worte, aufmunternden Zuspruch, durch Zuhören und Teilnahme. Durch Schaffen von Verbindungen.

## *Jupiter im Krebs* – DAS GLÜCK DES FÜHLENS

**Jupiterstärken** Suggestivwirkung, Phantasie
**Jupiterschwächen** Gefühlspathos, Mißbrauch

Glück finden Sie in Ihren eigenen und in den Gefühlen anderer. Auch Musik oder ein Gedicht weckt ein Ahnen, das Sie Ihrem Schöpfer näherbringt. Gott ist Ihrer Meinung nach ein Gefühl der Verschmelzung mit dem Strom, aus dem alles kommt, und dem Ozean, in den alles mündet.
Man könnte Sie auch einen »Seelentaucher« nennen, denn Ihre liebste Beschäftigung ist, in Ihre eigene oder die Seele anderer Menschen zu tauchen. Eine gesunde und heile Psyche ist für Sie unerläßlich, um zufrieden zu sein. Daher wenden sich auch andere Menschen an Sie, weil sie instinktiv spüren, daß Sie ihnen dabei helfen können, die eigene Seele zu heilen. So betrachtet sind Sie ein Lichtbringer, der anderen Frieden schenkt.
In der Familie sehen Sie den Anfang allen Glücks – aber auch den Anfang allen Elends. Sie werden daher nicht müde, die heile, sinnstiftende, ganzheitliche, befreiende Familie zu postulieren. In diesem Zusammenhang ist eines sehr wichtig: Sosehr Sie die Familie lieben, so fern liegt es Ihnen, nur Ihr eigenes Nest zu bewundern. Ganz im Gegenteil, fremde Sitten und Gewohnheiten sind Ihnen ebenso wichtig wie die eigenen. Am liebsten würden Sie in einer Gemeinschaft leben, die von Menschen der unterschiedlichsten Herkunft getragen wird.
Geborgenheit ist für Sie kein leeres Wort, sondern ein anderer Ausdruck für Erfüllung, Heimat, Göttlichkeit und Ewigkeit. Wie ein Seismograph erspüren Sie daher Unstimmigkeiten in Ihrer Umgebung, die Disharmonie verursachen und den Frieden stören können. Ihre großen heilerischen Fähigkeiten ermöglichen es, solche Dissonanzen zur Auflösung zu bringen. Hüten Sie sich aber davor, als Retter aufzutreten. Sie sind stark, wenn Sie gewisse Dinge einfach nur geschehen lassen.

*Jupiter-Check*
*Wie habe ich Erfolg, inneres und äußeres Glück?* Im Fühlen, in der Liebe, im Geben, in der Familie, in der Vergangenheit, bei den Ahnen.
*Wie kann ich helfen und heilen?* Durch aufdeckende Gespräche und Begleiten.

## *Jupiter im Löwen* – DAS GLÜCK DER FREUDE

**Jupiterstärken** Herzenswärme, Großmut
**Jupiterschwächen** Eitelkeit, Dünkel

Glück bedeutet für Sie, die Möglichkeit zu haben, spontan und großzügig schenken zu können. Äußere Werte sind Ihnen deshalb nicht unwichtig, denn nur wer hat, kann geben. Aber Sie sind absolut kein Materialist, im Gegenteil: Wenn Sie nach Macht und Einfluß streben, dann nicht in erster Linie um persönlicher Vorteile willen, sondern weil Sie überzeugt sind, mit Ihrem Eintreten für Ihre Werte einen wichtigen Beitrag für die Allgemeinheit leisten zu können. Geben und großzügig sein zu können sind für Sie wesentliche Eigenschaften. Aber dieses Geben bezieht sich auf ganz andere Dinge als auf Geld und schöne Geschenke: In Ihnen lebt auch die Göttin der Muse, die nur geweckt werden möchte, um andere zu erfreuen, zu unterhalten, zu erheben. Als Künstler, Maler, Musiker, Bildhauer, Poet – darin steckt Ihre größte Erfüllung. Sie müssen jedoch nicht bühnenreif singen oder druckreif schreiben können, um Ihrer Bestimmung als »göttlicher Unterhalter« gerecht zu werden. Wo immer Sie unter Menschen sind, verbreiten Sie Ihren Optimismus. So liegt denn Ihre Bestimmung auch darin, anderen die Freude am Leben zu zeigen.
Wovor Sie sich hüten müssen, ist Ihr Stolz. Sie können nur schwer Kritik ertragen. Und wenn sich andere von Ihnen abwenden, erleben Sie das immer als persönlichen Affront. Bleiben Sie heiter! Tragen Sie das Feuer der Freude unter die Menschen! Aber achten Sie darauf, daß Sie niemanden damit verbrennen!

*Jupiter-Check*
*Wie habe ich Erfolg, inneres und äußeres Glück?* Durch lebendige Teilnahme am Leben. Durch Großzügigkeit. Durch die Kraft der Heiterkeit.
*Wie kann ich helfen und heilen?* Zeigen Sie anderen das Leben, wie Sie es wahrnehmen, als nährenden Urgrund, als göttlichen Spielplatz.

## *Jupiter in der Jungfrau* – DAS GLÜCK DER GESUNDHEIT

**Jupiterstärken** Engagement, Bescheidenheit
**Jupiterschwächen** Zersplitterung

Glück ist für Sie die einfachste Sache der Welt, es liegt vor der Tür, es muß nur gefunden und aufgehoben werden. Sie sind daher auch kein Freund großangelegter und sich ewig hinziehender Expeditionen auf der Suche nach dem Glück. Entweder es ist hier – oder nirgends. Manchmal finden Sie das Glück in der Arbeit. Es stimmt Sie völlig zufrieden, wenn Dinge passen oder richtig ineinandergefügt sind und am Schluß eine Maschine läuft oder ein bestimmtes Programm Ergebnisse liefert. Manchmal finden Sie Ihr Glück in der Ordnung: Insbesondere die Natur ist Ihnen darin ein genialer Lehrmeister. Die Folge der Jahreszeiten, das Ineinandergreifen von Phasen des Wachstums und der Stagnation – das alles ist für Sie ein Ausdruck göttlicher Ordnung, die sich in Geschehnissen am Himmel tagtäglich und jahraus, jahrein wiederholt. Auf besondere Weise faszinieren Sie aber die Vorgänge im menschlichen Körper. Dieses tagtägliche Wunder von Nahrungsaufnahme und Verwandlung in Leben, das Ineinandergreifen von Atmung und dem Schlagen des Herzens, das alles ist für Sie ein sinnhafter Beweis göttlichen Wirkens.
Ihr Wissen über die Natürlichkeit und Göttlichkeit des menschlichen Seins befähigt Sie daher zum Heiler. Dafür müssen Sie nicht gleich Arzt, Heilpraktiker oder Psychotherapeut sein. Allein durch Ihre Nähe und Ihr Bewußtsein bewirken Sie bei anderen kleine Quantensprünge. Je weiter Sie selbst sind, um so eher können Sie anderen ein Vorbild sein. Wovor Sie sich hüten müssen, ist, Ihr wertvolles Wissen zu mißbrauchen. Wirken Sie durch Ihr gutes Beispiel und nicht durch Druck und Besserwisserei!

*Jupiter-Check*
*Wie habe ich Erfolg, inneres und äußeres Glück?* Im alltäglichen Tun. In der Arbeit. Im Gefühl der Ordnung.
*Wie kann ich helfen und heilen?* Durch bewußte Ernährung. Durch Studium von Körper und Geist. Durch Lernen von der Natur.

*Jupiter sorgt dafür, daß uns ein Licht aufgeht*

## *Jupiter in der Waage* – DAS GLÜCK DER LIEBE

**Jupiterstärken** Toleranz, Lebenskünstler
**Jupiterschwächen** Eitelkeit, Genußsucht

Glück finden Sie in der Kraft der Liebe. Sie müssen nicht einmal selbst daran unmittelbar beteiligt sein. Auch wenn andere Menschen die Liebe finden, fühlen Sie sich angenommen, zu Hause, eins mit der Schöpfung. Noch göttlicher ist es natürlich, wenn die Liebe Sie selbst betrifft ... Auf einer Wolke schweben Sie, im Paradies sind Sie, im Himmel ... Liebe ist Ihrer Meinung nach Ursprung und Ziel allen Seins. Gott ist die Liebe, und das Leben entspringt aus ihr. Der Liebe geben Sie alles. Umgekehrt beschenkt Sie die Liebe auch. Sie erhalten die Fähigkeit, andere tief zu berühren, sie zu trösten, zu erfreuen und aufzubauen. Ihre Liebe ermöglicht es Ihnen, unterschiedliche Tendenzen und Wünsche aufzunehmen und in Einklang zu bringen. Sie finden immer wieder tragfähige Kompromisse, bei denen niemand der Verlierer ist. Ihr sicheres Geschick prädestiniert Sie für viele Tätigkeiten und Berufe, bei denen es auf Vermittlerqualitäten ankommt, zum Beispiel in der Politik, wenn es darum geht, Menschen mit den unterschiedlichsten Meinungen an einen Tisch zu bringen.

Auch der Kunst gehört Ihr Herz. Allerdings zählt für Sie nur das zur Kunst, was von Liebe getragen ist und Harmonie und Stimmigkeit ausdrückt. Im Grunde genommen schlummert in Ihnen selbst ein Künstler, der darauf wartet, seine Fähigkeiten zum Fließen bringen zu können.

Wovor Sie sich hüten müssen, ist, sich von Liebe und Harmonie einlullen zu lassen. Alles im Leben hat zwei Seiten. Zur Liebe gehört Auseinandersetzung und zur Harmonie Spannung. Nur wenn Sie das Gleichgewicht zwischen Harmonie und Spannung finden, ergibt sich vollendete Liebe.

*Jupiter-Check*

*Wie habe ich Erfolg, inneres und äußeres Glück?* Indem Sie verzeihen, lieben, empfangen und geben.

*Wie kann ich helfen und heilen?* Allein Ihre Nähe heilt.
Ihre Berührungen sind Labsal für Körper, Seele und Geist.

## *Jupiter im Skorpion* – DAS GLÜCK DER TIEFE

**Jupiterstärken** Tiefgründigkeit, Spiritualität
**Jupiterschwächen** Exaltiertheit, Despotentum

Glück findet sich Ihrer Meinung nach auf dem Grund aller Dinge, nicht an der Oberfläche. Dieses Wissen haben Sie mit in die Welt gebracht. Es ist die Wahrheit, die Ihnen Ihr Jupiter verkündet und die Sie Ihrerseits weiterverbreiten. Sie kennen die Höhen und Tiefen menschlicher Existenz, und Sie lassen sich nicht blenden vom sogenannten schönen Schein.
Was die Welt wirklich zusammenhält, ist der ewige Kreislauf von Zeugung, Geburt, Leben und Tod. Alles war schon immer – und alles wird immer sein ... Daher nehmen Sie sich in besonderer Weise solcher Dinge an, die aus diesem ewigen Kreislauf ausgegrenzt wurden, aber unbedingt mit dazugehören. Zum Beispiel ist für Sie der Schatten ein notwendiger Teil des Lichts. Sie fühlen sich deshalb veranlaßt, sich für Schwächere einzusetzen oder aus der Gesellschaft Ausgeschlossene zu unterstützen. Sie wissen instinktiv, daß es dem Leben schadet, wenn nicht alle seine Seiten integriert werden. In Ihnen lodert das heilende Feuer Jupiters besonders stark und leidenschaftlich. Wie Pollux einst seinem toten Bruder Castor in die Unterwelt folgte, um bei ihm zu sein, sind Sie bereit, die größten Unannehmlichkeiten auf sich zu nehmen, damit das Leben keinen Teil verliert. Sie sind daher der geborene Retter und Heiler, unabhängig davon, ob Sie diese Gaben in einem Beruf ausüben oder sie als selbstverständlichen Beitrag in Ihren Alltag einbringen.
Wovor Sie sich allerdings hüten sollen, ist, sich über das Schicksal zu stellen oder zu versuchen, ein unangenehmes, aber wichtiges Ereignis »ungeschehen« zu machen.

*Jupiter-Check*
*Wie habe ich Erfolg, inneres und äußeres Glück?* Durch Hinterfragen, In-die-Tiefe-Gehen, Abwarten und einfach Sein.
*Wie kann ich helfen und heilen?* Indem Sie sich derer annehmen, die von anderen Menschen ausgegrenzt werden.

## *Jupiter im Schützen* – DAS GLÜCK DER HOFFNUNG

**Jupiterstärken** Idealismus, Expansion
**Jupiterschwächen** Schwärmerei, Naivität

Glück ist für Sie, unterwegs zu sein, auf Rädern, im Flugzeug, im Zug, auf dem Schiff. In Ihnen lebt die Geschichte aller fahrenden Völker, der Nomaden und Zigeuner, der Boten, herumziehenden Bader, Gaukler, Barden und Geschichtenerzähler. Letztlich ist es die große Suche, die Sie leitet und führt, die Suche nach dem ewigen Gral, nach Erleuchtung, nach der blauen Blume, nach der Quintessenz der Alchimie. Glaube ist für Sie Sehnsucht, Gott findet sich immer anderswo, auf dem Weg zu sein ist für Sie das Ziel.
So verbreiten Sie die Wahrheit des Vielen und nicht die des Einen. Deswegen sind Sie so tröstlich für diese Welt: Denn Sie kennen immer noch einen Weg, sehen stets eine weitere Möglichkeit. Nichts ist für Sie aussichtslos, viele Wege führen nach Rom, und kein Problem ist so groß, daß es nicht doch eine Lösung dafür gäbe.
Das Feuer, das Ihnen Jupiter in die Hände gibt, heißt »Hoffnung«, und wo immer Sie sind, keimt dieses Gut wie Samen in der Erde. Gegen Hoffnungslosigkeit, Borniertheit und Menschen, die anderen keine Chancen lassen, ziehen Sie regelrecht ins Feld. Auf Ihrem Banner stehen Gerechtigkeit und Menschenwürde, das sind Ihre fundamentalen Anliegen, für die Sie sich vehement einsetzen.
Wovor Sie sich hüten müssen, ist, das Kind mit dem Bade auszuschütten. In Ihrem heilsamen Krieg gegen die Blindheit der Menschen laufen Sie Gefahr, selbst blind und einseitig zu werden.

*Jupiter-Check*
*Wie habe ich Erfolg, inneres und äußeres Glück?* Durch die immerwährende Suche nach Sinn und Göttlichkeit.
*Wie kann ich helfen und heilen?* Durch Ihre hoffnungsvolle Art, Ihren Trost, Ihren Humor, Ihren Witz ...

## *Jupiter im Steinbock* – DAS GLÜCK DES WISSENS

**Jupiterstärken** Führungsqualität, Ausdauer
**Jupiterschwächen** Lehrmeisterei

Glück ist für Sie, Ihre Arbeit getan zu haben und Ruhe und Sammlung dankbar zu genießen, ähnlich der Erde, die nach einer Phase der Dürre Regen dankbar aufnimmt. Glück ist für Sie aber auch, sich einer Sache vollständig zu verschreiben, ihr zu gehören, bis sie vollbracht ist. Darin gleichen Sie einem Bergsteiger, der nicht eher ruht, bis er auf dem Gipfel steht – und dort nach dem nächsten Ausschau hält. Sie sind daher ein Mensch, der sich selbst immer wieder antreiben und motivieren kann – nach höheren, größeren Zielen strebt.
Genauso können Sie anderen Vorbild und eine große Hilfe sein, zum Beispiel verzagten und ängstlichen Menschen. Sie sind auch eine Führungspersönlichkeit. Nicht eine, die durch große Reden andere zu beeindrucken sucht. Sie werden auch niemals andere voranschicken und selbst im Hintergrund warten. Sondern Sie gehen ihnen voraus. Um das zu leisten, was Sie sich vornehmen, brauchen Sie Kraft, Ausdauer, Zähigkeit. Daher trainieren Sie diese Eigenschaften, um sie zu verbessern.
Sie sind hart zu sich selbst, weil Sie wissen, daß Sie sich nicht schonen dürfen, wenn Sie Ihre Ziele erreichen wollen. Die gleiche Einstellung erwarten Sie allerdings auch von anderen, was manchmal dazu führt, daß diese Sie fürchten und Ihnen aus dem Weg gehen. Daher ist es für Sie wichtig zu erkennen, daß nicht alle Menschen aus dem gleichen (harten) Holz geschnitzt sind. Entwickeln Sie Geduld, Nachsicht und Toleranz für Ihre Mitmenschen, und Sie werden eines Tages den höchsten Berg bezwingen – den Berg der Weisheit.

*Jupiter-Check*
*Wie habe ich Erfolg, inneres und äußeres Glück?* Durch Arbeit und Übernahme von Verpflichtungen. Durch Demut. Durch Anstrengung und Leistung.
*Wie kann ich helfen und heilen?* Durch vorbildliches Verhalten. Durch richtige Führung.

## *Jupiter im Wassermann* – DAS GLÜCK DES FORTSCHRITTS

**Jupiterstärken** Humanismus, Toleranz
**Jupiterschwächen** Autoritätskonflikte

Glück ist für Sie das Gefühl, vorwärtszuschreiten, nicht stehenzubleiben, sondern Ihren Idealen von einer besseren, gerechteren, liebevolleren Welt näherzukommen. Sie sind ein Utopist, beseelt von der Vorstellung einer Welt von morgen, in der Armut, Krankheit und anderes Leid überwunden sein werden. Und Sie unterstellen sich selbst dem Fortschritt, arbeiten für ihn, kämpfen für ihn.
Es geht Ihnen jedoch nicht allein um Ihre eigene Zukunft. Sie sind auch ein Menschenfreund, der immer an das Gute glaubt. Sie verfügen über ein großes soziales Verantwortungsbewußtsein. Und Sie suchen immer wieder nach neuen Aufgaben, bei denen Sie Schwächeren und Benachteiligten helfen können. Dabei unterstützen Sie die Eigenverantwortung und Autonomie jedes Menschen. Denn Sie wollen kein Helfer oder Missionar sein, der anderen in ihrer Not zwar hilft, sie aber in ihrer Unmündigkeit beläßt.
Ungleichheit zwischen den Menschen hassen Sie mehr als alles andere. Es fällt Ihnen daher auch schwer, unter einer straffen Hierarchie zu arbeiten und zu leben. Sie dulden keinen über, aber auch niemanden unter sich.
Das Feuer, das Ihnen Jupiter überreicht, ist die Kraft und Ihr Glaube an eine positive Zukunft. Das macht Sie für diese Welt besonders wichtig. Denn Ihrem Willen, Ihren Visionen ist es zu verdanken, daß wir uns immer weiterentwickeln und nicht stehenbleiben.
Von emotional geäußerter Kritik oder Ablehnung lassen Sie sich nicht irritieren, sondern arbeiten beharrlich an der Erreichung eines einmal gesetzten Zieles weiter.
Wovor Sie sich in acht nehmen müssen, ist, daß Sie das Alte nicht völlig verwerfen. Sie berauben sich sonst Ihrer eigenen Wurzeln. Dann ist aber auch der Fortschritt eine Illusion.

*Jupiter-Check*
*Wie habe ich Erfolg, inneres und äußeres Glück?* Durch Arbeit an einer besseren Zukunft.
*Wie kann ich helfen und heilen?* Durch Vermitteln von neuen Perspektiven. Durch solidarische Unterstützung. Durch Veränderung.

## *Jupiter in den Fischen* – DAS GLÜCK DES SEINS

**Jupiterstärken** Liebe, Mitgefühl, Intuition
**Jupiterschwächen** »Helfersyndrom«

Glück bedeutet für Sie, eins zu sein mit der Schöpfung, so wie ein Tropfen, der ins Meer fällt, im Meer eins wird mit dem Ganzen. Ihr Leben richtet sich vollkommen nach dem Ideal der Selbstlosigkeit und dem Zurückstellen eigener Bedürfnisse hinter das Wohlergehen des größeren Ganzen.

Ihr Engagement für eine bessere, humanere, liebevollere Welt macht auch vor eigenen Konsequenzen nicht halt, und es kann sein, daß Sie, weil Sie beispielsweise Tiere als beseelt betrachten, kein Fleisch mehr essen. In besonderer Weise gilt Ihr Schutz all jenen, die selbst nicht in der Lage sind, sich zu schützen: Kindern, Kranken oder auch Tieren. Soziales Engagement ist für Sie kein Schlagwort, sondern ein selbstverständlicher Teil des Lebens.

Ihr Jupiter macht Sie sensibel für Ungerechtigkeit und Lieblosigkeit; und er schenkt Ihnen die Kraft und Fähigkeit, entsprechende Mißstände zu mildern. Sei es, daß Sie ein Arzt oder ein Krankenpfleger werden oder einer Umweltorganisation beitreten. Jupiter verleiht Ihnen eine besondere Magie, die Leid und Traurigkeit auflöst. Sie tun aber auch gut daran, diese besondere Fähigkeit weiterzuentwickeln, indem Sie Heilpraktiker werden oder sich mit Dingen beschäftigen, die Ihre Neigungen fördern.

Da Sie Ihre Aufmerksamkeit oft auf ferne Ideale legen, welche für Sie auch mit tiefempfundenen Gefühlen verbunden sind, macht Ihnen die Bewältigung des Naheliegenden und der Umgang mit der unmittelbaren, konkreten Wirklichkeit mitunter etwas Mühe. Des weiteren ist es wichtig, daß Sie sich als Helfer nicht mißbrauchen lassen. Sie sollten daran arbeiten, sich deutlicher abgrenzen zu können.

*Jupiter-Check*

*Wie habe ich Erfolg, inneres und äußeres Glück?* Durch Hingabe an das, was ist. Durch Liebe des Ganzen.

*Wie kann ich helfen und heilen?* Sie besitzen große heilerische Fähigkeiten, die Sie nur zum Fließen bringen müssen.

## *Das Saturnhoroskop –*
## ZUM LEUCHTENDEN DIAMANTEN WERDEN

In der Astrologie gilt Saturn weithin als Übeltäter, als Verkörperung des Schlechten und Bösen. Er scheint es darauf abgesehen zu haben, uns das Leben so schwer wie irgend möglich zu machen. Wie der Drache im Märchen verkörpert er Gefahr, Schrecken, ja, zuweilen sogar den Tod. Daher finden sich alte Abbildungen, auf denen Saturn als Skelett mit Sense zu sehen ist, das alles erbarmungslos niedermäht. Saturn kennt kein Mitleid, keine Gnade. Er wirft den Menschen ihr Schicksal vor die Füße – und es bleibt nichts anderes, als es zu nehmen und zu tragen.

Aber es existiert doch auch eine andere, eine positive Seite. Wenn Saturn einen plagt, schikaniert, an den Abgrund heranführt, dann hilft er ebenso, sich gegen die Unbilden des Schicksals zu wappnen. Saturn bietet daher die Chance, stark zu werden. Er »schmiedet« den Menschen, macht ihn hart, widerstandsfähig, ausdauernd. Wer immer etwas Großes erreicht in seinem Leben, der schafft es mit Hilfe Saturns und seiner (oft) grausamen Wechselbäder. Dort, wo in unserem Horoskop der Planet Saturn steht, müssen wir also lernen, in die Schule gehen, dort werden wir gestreckt und zusammengeschoben, kritisiert und tyrannisiert, trainiert und behindert – bis wir Perfektion erlangen. Perfektion, Vollkommenheit, Reinheit – vom Rohling zum Diamanten: So läßt sich das Wirken Saturns zusammenfassen.

Und dennoch geht es dabei keineswegs ausschließlich um Härte, Ausdauer, Übung, Verzicht und unermüdliches Arbeiten an sich selbst. Der Weg zur Vollkommenheit führt unmittelbar am Fluß der Gnade entlang. Die Arbeit mit und durch Saturn besteht nicht nur aus Ehrgeiz und läuft auch nicht allein nach dem Motto »Gelobt sei, was hart macht!« Vielmehr schließt der Weg zur Vollendung ebenso Demut mit ein. Saturn ist kein kalter, gemeiner, fordernder Feind, dem gegenüber es sich nur zu wappnen und zu rüsten gilt. Er verlangt – nein, er verdient – auch Ehrfurcht und Liebe.

## DIE ERMITTLUNG DES SATURNZEICHENS

Suchen Sie in der folgenden Saturntabelle Ihren Geburtstag, und entnehmen Sie Ihr Saturnzeichen, das Sie auf den entsprechenden Text im Anschluß verweist. (Siehe auch die Vorbemerkung am Beginn von Teil II dieses Buches.)

**Die Saturntabelle**

**1920*** Jungfrau, **1921** 1.1.–8.10. Jungfrau, 9.10.–31.12. Waage, **1922** Waage, **1923** 1.1.–20.12. Waage, 21.12.–31.12. Skorpion, **1924** 1.1.–6.4. Skorpion, 7.4.–14.9. Waage, 15.9.–31.12. Skorpion, **1925** Skorpion, **1926** 1.1.–2.12. Skorpion, 3.12.–31.12. Schütze, **1927–1928** Schütze, **1929** 1.1.–15.3. Schütze, 16.3.–5.5. Steinbock, 6.5.–30.11. Schütze, 1.12.–31.12. Steinbock, **1930–1931** Steinbock, **1932** 1.1.–23.2. Steinbock, 24.2.–13.8. Wassermann, 14.8.–19.11. Steinbock, 20.11.–31.12. Wassermann, **1933–1934** Wassermann, **1935** 1.1.–14.2. Wassermann, 15.2.–31.12. Fische, **1936** Fische, **1937** 1.1.–24.4. Fische, 25.4.–18.10. Widder, 19.10.–31.12. Fische, **1938** 1.1.–13.1. Fische, 14.1.–31.12. Widder, **1939** 1.1.–5.7. Widder, 6.7.–23.9. Stier, 24.9.–31.12. Widder, **1940** 1.1.–19.3. Widder, 20.3.–31.12. Stier, **1941** Stier, **1942** 1.1.–9.5. Stier, 10.5.–31.12. Zwillinge, **1943** Zwillinge, **1944** 1.1.–19.6. Zwillinge, 20.6.–31.12. Krebs, **1945** Krebs, **1946** 1.1.–2.8. Krebs, 3.8.–31.12. Löwe, **1947** Löwe, **1948** 1.1.–18.9. Löwe, 19.9.–31.12. Jungfrau, **1949** 1.1.–3.4. Jungfrau, 4.4.–29.5. Löwe, 30.5.–31.12. Jungfrau, **1950** 1.1.–20.11. Jungfrau, 21.11.–31.12. Waage, **1951** 1.1.–7.3. Waage, 8.3.–13.8. Jungfrau, 14.8.–31.12. Waage, **1952** Waage, **1953** 1.1.–22.10. Waage, 23.10.–31.12. Skorpion, **1954–1955** Skorpion, **1956** 1.1.–12.1. Skorpion, 13.1.–14.5. Schütze, 15.5.–9.10. Skorpion, 10.10.–31.12. Schütze, **1957–1958** Schütze, **1959** 1.1.–5.1. Schütze, 6.1.–31.12. Steinbock, **1960–1961** Steinbock, **1962** 1.1.–3.1. Steinbock, 4.1.–31.12. Wassermann, **1963** Wassermann, **1964** 1.1.–23.3. Wassermann, 24.3.–17.9. Fische,

* Siehe auch die Anmerkung zur Mondtabelle.

18.9.–15.12. Wassermann, 16.12.–31.12. Fische, **1965–1966** Fische, **1967** 1.1.–3.3. Fische, 4.3.–31.12. Widder, **1968** Widder, **1969** 1.1.–29.4. Widder, 30.4.–31.12. Stier, **1970** Stier, **1971** 1.1.–18.6. Stier, 19.6.–31.12. Zwillinge, **1972** 1.1.–10.1. Zwillinge, 11.1.–21.2. Stier, 22.2.–31.12. Zwillinge, **1973** 1.1.–1.8. Zwillinge, 2.8.–31.12. Krebs, **1974** 1.1.–7.1. Krebs, 8.1.–18.4. Zwillinge, 19.4.–31.12. Krebs, **1975** 1.1.–16.9. Krebs, 17.9.–31.12. Löwe, **1976** 1.1.–14.1. Löwe , 15.1.–4.6. Krebs, 5.6.–31.12. Löwe, **1977** 1.1.–16.11. Löwe, 17.11.–31.12. Jungfrau, **1978** 1.1.–5.1. Jungfrau, 6.1.–25.7. Löwe, 26.7.–31.12. Jungfrau, **1979** Jungfrau, **1980** 1.1.–20.9. Jungfrau, 21.9.–31.12. Waage, **1981** Waage, **1982** 1.1.–28.11. Waage, 29.11.–31.12. Skorpion, **1983** 1.1.–6.5. Skorpion, 7.5.–24.8. Waage, 25.8.–31.12. Skorpion, **1984** Skorpion, **1985** 1.1.–16.11. Skorpion, 17.11.–31.12. Schütze, **1986–1987** Schütze, **1988** 1.1.–14.2. Schütze, 15.2.–31.12. Steinbock, **1989–1990** Steinbock, **1991** 1.1.–6.2. Steinbock, 7.2.–31.12. Wassermann, **1992–1993** Wassermann, **1994** 1.1.–28.1. Wassermann, 29.1.–31.12. Fische, **1995** Fische, **1996** 1.1.–6.4. Fische, 7.4.–31.12. Widder, **1997** Widder, **1998** 1.1.–8.6. Widder, 9.6.–24.10. Stier, 25.10.–31.12. Widder, **1999** 1.1.–28.2. Widder, 1.3.–31.12. Stier, **2000** 1.1.–9.8. Stier, 10.8.–15.10. Zwillinge, 16.10.–31.12. Stier, **2001** 1.1.–20.4. Stier, 21.4.–31.12. Zwillinge, **2002** Zwillinge, **2003** 1.1.–3.6. Zwillinge, 4.6.–31.12. Krebs

## *Saturn im Widder* – ÜBER DIE KRAFT HERRSCHEN

**Saturnstärken** Ehrgeizig, machtvoll, führungsbegabt, durchsetzungsstark, edel
**Saturnschwächen** Rechthaberisch, sarkastisch, bösartig, bissig, gemein

In Ihrem Leben geht es darum, Ihre Wildheit zu bändigen, Ihre Emotionen zu zügeln und Ihren persönlichen Willen einem höheren Ziel, einer Idee mit allgemeinem Wert unterzuordnen. Beschreiben ließe sich Saturn als »Pferdeflüsterer« und das Widderzeichen als wildes Pferd, aus dem ein edles Wesen werden soll, das seinem Reiter seine feurige Energie voll und gern zur Verfügung stellt.
Es besteht allerdings auch die Variante, die Wildheit zu brechen und sie zu unterdrücken. Das machen viele Menschen mit Saturn im Widder. Sie verdrängen und vergessen ihre Wildheit und sind schließlich im Besitz eines, um es salopp auszudrücken, alten Kleppers. Die andere Möglichkeit bedarf großer Geduld und harter Arbeit an sich selbst. Man muß die Auseinandersetzung mit dem Leben als Läuterungsprozeß begreifen und Kritik nicht als Verhinderung oder Bösartigkeit des Schicksals, sondern als einen Wink Saturns nehmen. Und es ist notwendig, Emotionen, Wünsche und Sehnsüchte zu hinterfragen und dem Prozeß der Läuterung unterzuordnen.

*Saturn-Check*
*Wo muß ich mich Saturn beugen?* Ich muß mein Feuer zähmen und Geduld lernen.
*Auf welchen Wegen führt mich Saturn zum Erfolg?* Durch Verhinderung, Kritik und Strafe – damit ich vollkommen werde.

## *Saturn im Stier –* ÜBER DIE LUST HERRSCHEN

**Saturnstärken** Beharrlichkeit, Festigkeit, Standhaftigkeit, Sparsamkeit
**Saturnschwächen** Geiz, Gefühllosigkeit, Sturheit, Gier, Neid, Existenzangst

Menschen mit Saturn im Stier nehmen sich vom Leben mehr, als ihnen zusteht, und leiden dann unter den Folgen. Man ißt und trinkt mehr, als man verdauen kann – und nimmt zu, setzt Fett an, bekommt Bewegungsprobleme und wird unter Umständen krank. Des Mammons wegen arbeitet man mehr und härter, als einem guttut – und wird nervös, gestreßt und ist zum Schluß arbeitsunfähig. Man legt sein Geld in Geschäften an, die man nicht übersieht – und zu guter Letzt ergeht es einem wie Hans im Glück: Man besitzt gar nichts mehr. Man lebt also über seine Verhältnisse, und das von Kindesbeinen an. Dramatische Auseinandersetzungen mit Eltern und anderen Erwachsenen sind die Folge, wobei zunächst immer die anderen die »bösen, versagenden und mißgünstigen« Menschen sind. Aber es ist Saturn, der einem das Leben schwermacht. Er verlangt Verzicht, und das gerade dort, wo das Leben am meisten Spaß macht. Das ist ein harter, mühsamer, frustrierender Weg. Auf der anderen Seite entwickelt man auf diese Weise eine besonders feine Sinnlichkeit, wird zum Genießer der kleinen Dinge und der wirklichen Köstlichkeiten des Lebens. Auf dem Weg dorthin hält einem Saturn jedoch jede »Verfehlung« vor: Wer uneingeschränkt seiner Lust folgt, bekommt dafür früher oder später die Rechnung.

*Saturn-Check*

*Wo muß ich mich Saturn beugen?* Ich darf meiner Lust und meinen Wünschen nicht nachgeben. Auch gegenüber sämtlichen materiellen Werten – Geld und Reichtum – bedarf es Aufmerksamkeit.
*Auf welchen Wegen führt mich Saturn zum Erfolg?* Durch Leid, Schmerzen, Versagung und Verhinderung, unter Umständen auch durch Krankheit.

## *Saturn in den Zwillingen –* ÜBER DIE LEICHTFERTIGKEIT HERRSCHEN

| | |
|---|---|
| **Saturnstärken** | Klarheit, Überblick, das Wesentliche erkennen, literarisches Geschick, geistige Wendigkeit |
| **Saturnschwächen** | Die Wahrheit verdrehen, Unsicherheit, Besserwisserei, Charakterschwäche |

Ihre Aufgabe ist es, sich im Leben nicht zu verzetteln, die Wahrheit zu finden und nicht ihren Schein, Wissen zu erwerben, das wirklich nützlich ist. Sie gehen Ihr Lebtag lang in eine Schule, in der Sie lernen, immer besser zu werden, immer mehr Kenntnisse zu erwerben. Aber dieses »Besser« und dieses »Mehr« sind nicht einfach quantitativ gemeint. Es geht um einen großen Reifungsprozeß.
Was ist der Grund, Sie dermaßen streng zu disziplinieren? – In Ihrer Persönlichkeit findet sich ein unglaublich leichtfertiger Anteil. Aus der Sicht des (Über-)Lebens heraus braucht es daher eine andere, eben die saturnische Kraft, damit Sie sich nicht aus dieser Leichtfertigkeit heraus selbst schaden. In Ihrer Tiefenpsyche herrscht also ein berechtigter Zweifel an Ihren Kontrollfunktionen. Das ist der Grund für die Strenge Saturns. Wenn Sie mit Ihrem Saturn in den Zwillingen behutsam und richtig umgehen, dann »schleifen« Sie sich selbst, werden nicht überheblich, sondern orientieren sich an anderen und suchen sich Lehrer und Meister, die Ihnen helfen, vollkommener zu werden.
Worauf Sie noch achten müssen: Mit dieser Saturnstellung neigt man zu einsamen Entschlüssen. Sozusagen als Gegenreaktion auf die Leichtfertigkeit wird man zum Dogmatiker und Besserwisser, zu einem, der alles mit dem Kopf checkt. Eine solche Haltung entspricht nicht dem Wunsch Saturns.

*Saturn-Check*

*Wo muß ich mich Saturn beugen?* Ich muß lernen, Kritik konstruktiv zu nehmen. Ich muß über sämtliche Konsequenzen meines Verhaltens Bescheid wissen.
*Auf welchen Wegen führt mich Saturn zum Erfolg?* Durch Verhinderung, Mißerfolg und Demütigung.

## *Saturn im Krebs* – ÜBER DIE GEFÜHLE HERRSCHEN

| | |
|---|---|
| **Saturnstärken** | Selbstbeherrschung, seine Gefühle im Griff haben, zum Kern vordringen, Distanz, Wahrhaftigkeit, Zuverlässigkeit |
| **Saturnschwächen** | Gefühlskälte, Rückzug, Mißtrauen, Pessimismus |

Ihr Saturn hat Sie auf eine besondere Lebensreise geschickt: Aus einem Wesen, das seinen Gefühlen und Instinkten folgt, soll ein Mensch werden, der sein Leben nach Einsicht, Wahrheit und höherem Wissen steuert. Der Weg ist überaus schwierig und schmerzlich. Saturn hat Ihnen nämlich Angst vor dem Glück und sogar vor der Liebe eingepflanzt. Als wäre es für Sie verboten, Zufriedenheit zu kosten. Als müßten Sie immer wieder die Erfahrung machen, daß das Leben bitter ist.
Woher kommen diese Ängste? – Ihre Psyche ist geprägt von traumatischen Erfahrungen. Es kann sein, daß diese Erfahrungen aus früheren Leben stammen. Es ist aber genauso möglich, daß Sie mit bestimmten existentiellen Erfahrungen Ihrer Ahnen verbunden sind. Jedenfalls lebt in Ihnen die Angst fort, Ihre Gefühle könnten mißbraucht werden, so wie es schon einmal geschehen ist. Deswegen mißtraut Saturn grundsätzlich allen Gefühlen. Es ist reiner Schutz. Sie sollen über die Gefühle hinauswachsen, unabhängig und frei von ihnen werden. Aber Sie dürfen Saturn auch nicht zum Alleinherrscher über Ihr Leben erheben und grundsätzlich vor Gefühlen davonlaufen. Sie sollen klüger, erfahrener ins Leben treten, damit Ihnen nichts Schlechtes widerfährt. Ziel Ihres Lebens ist, Ihre Vergangenheit zu überwinden, nicht vor ihr zu kapitulieren. Stellen Sie sich Ihren Gefühlen! Sie sind kein Kind mehr, das man verletzen kann. Sie sind eine erwachsene, starke Person!

*Saturn-Check*

*Wo muß ich mich Saturn beugen?* Ich muß lernen, über meine Gefühle hinauszuwachsen.
*Auf welchen Wegen führt mich Saturn zum Erfolg?* Durch Angst, Schmerzen, Versagung und Leid.

## *Saturn im Löwen* – ÜBER DAS EGO HERRSCHEN

**Saturnstärken** Selbstbeherrscht, erhaben, edel, vollendet sein
**Saturnschwächen** Arrogant, selbstherrlich sein

Mit Saturn im Löwen ist man dafür bestimmt, das Höchste anzustreben – und muß doch immer wieder die Erfahrung machen, ganz unten zu sein. Diese Saturnposition schmiedet Menschen, die Ruhm und Ehren erwerben, Meister und Führungspersönlichkeiten. Aber der Weg dorthin ist beschwerlich; es muß viel erduldet, durchgemacht und verstanden werden. Das Leben pendelt zwischen Macht und Ohnmacht, zwischen Stolz und Scham hin und her. Allmählich entwickelt man Angst vor Macht, Verantwortung und Erfolg – und wird doch auch regelrecht davon angezogen.
Saturn im Löwen kann mit der Zeit zu Unlust dem Leben gegenüber führen. Dagegen muß man dann selbst »zu Felde ziehen«. Zuvor braucht es die Einsicht, was Saturn eigentlich bezwecken möchte. Diese Saturnposition ist die Folge von Machtmißbrauch. Vielleicht hat man in einem früheren Leben versagt, die Verantwortung nicht übernommen. Vielleicht trägt man aber auch an einer Schuld der eigenen Ahnen.
Saturn im Löwen »erzieht« einen dazu, sein Wirken, sein Verhalten und Sein zu überdenken und hinsichtlich sämtlicher Konsequenzen zu verantworten. Dazu gehört im besonderen das Verhalten als Vater bzw. Mutter den eigenen Kindern gegenüber. Man muß die Verantwortung selbst dann übernehmen, wenn man nach gängiger Meinung davon freigesprochen wird, wie zum Beispiel bei einer Krankheit oder einem Unfall.

*Saturn-Check*
*Wo muß ich mich Saturn beugen?* Ich muß lernen, Verantwortung zu übernehmen.
*Auf welchen Wegen führt mich Saturn zum Erfolg?* Er behindert mich, ich werde gedemütigt, kritisiert.

## *Saturn in der Jungfrau –* ÜBER DEN KÖRPER HERRSCHEN

**Saturnstärken** Treue, Anhänglichkeit, Arbeitseifer, Selbstkontrolle, Genügsamkeit
**Saturnschwächen** Ernst, Pedanterie, Kritiksucht

Wenn sich Saturn in der Jungfrau niederläßt, trifft Kontrolle auf Kontrolle. Denn allein das Zeichen Jungfrau bedeutet, daß man seine Gefühle, seine Triebe, seinen Sex, seinen gesamten Körper im Griff hat. Wenn dann Saturn noch hinzukommt, verdoppelt sich die vorsichtige und kritische Einstellung. Bei dermaßen viel Skepsis muß in der Vergangenheit (in einem früheren Leben, in der eigenen Ahnenreihe) etwas geschehen sein, das große Angst hervorgerufen hat: Angst vor Sexualität und dem damit verbundenen Akt der Zeugung, Angst vor Schwangerschaft und Geburt. Saturn in der Jungfrau verweist auf ein »Versagen« in diesem Bereich: Vielleicht mußte eine Schwangerschaft abgebrochen werden, möglicherweise kam ein Kind tot zur Welt, oder beide, Mutter und Kind, kamen zu Tode.
Saturn in der Jungfrau schiebt jetzt einen Riegel vor Sex und Zeugung, blockiert die Gefühle, verringert die Lust, versucht, aus dem »Tiermenschen« mit seiner Abhängigkeit von Lust und Trieben einen Homo sapiens im wahrsten Sinne des Wortes, einen »weisen« Menschen, zu machen. Saturn verhindert also und weckt zugleich die Sehnsucht, das Körperhafte des Lebens zu transformieren, ein Wesen zu sein, dessen Energie nicht den Lenden, sondern dem Geist entspringt. Das heißt beileibe nicht, gleich in ein Kloster zu ziehen. Aber sich mit diesem Thema auseinanderzusetzen, das bleibt niemandem erspart, der Saturn in der Jungfrau hat.

*Saturn-Check*
*Wo muß ich mich Saturn beugen?* Ich muß lernen, meine Lust zu kontrollieren.
*Auf welchen Wegen führt mich Saturn zum Erfolg?* Durch Versagen, Enttäuschung, Krankheit und – last, not least – Einsicht.

## *Saturn in der Waage* – ÜBER DIE LIEBE HERRSCHEN

| | |
|---|---|
| **Saturnstärken** | Gerechtigkeitssinn, Ausgewogenheit, wahrhaftig lieben können |
| **Saturnschwächen** | Disharmonie, Unzufriedenheit, Gefühlskälte, Einsamkeit |

Saturn in der Waage bedeutet die lebenslange Aufforderung, nach der »richtigen, wahren« Liebe zu suchen. Ihr gilt das ganze Sehnen und Streben. Um sie zu finden, müssen jede Menge Enttäuschungen verkraftet werden. Denn was man für Liebe hält – den Rausch der Sinne, überwältigende Gefühle, Herz und Schmerz –, hat vor Saturn noch lange keinen Bestand. In seinen Augen heißt Liebe, daß sich Ich und Du, der eine und der andere, gleichwertig gegenübertreten. Niemand ist kleiner oder größer, gescheiter oder dümmer, wichtiger oder unbedeutender, reifer oder naiver. Das klingt einfach und ganz selbstverständlich, ist es aber nicht. Menschen haben von Natur aus das Bestreben, sich selbst zu verwirklichen, andere (und dazu zählen auch Partner) hingegen hintanzustellen. Darüber hinaus besteht Saturn auf Zuverlässigkeit. Vor ihm zählt noch das »eherne Gesetz«: »... bis daß der Tod uns scheidet!«
Es müssen gravierende Dinge geschehen sein (in einem früheren Leben, in der Ahnenreihe), daß jetzt Saturn persönlich über die Liebe wacht. Es kam zu unwürdigem Verhalten. Jemand wurde im Stich gelassen. Die Liebe wurde verraten. Herzen wurden gebrochen ... Jetzt »zahlen« Sie dafür. Aber es ist keine Rache oder Strafe. Saturn macht Sie stark, damit Sie die gleichen Fehler vermeiden. Er bringt Sie auf den Weg, und er läßt Sie leiden, solange Sie nicht angekommen sind.

*Saturn-Check*

*Wo muß ich mich Saturn beugen?* Ich muß lernen, verbindlich zu sein.
*Auf welchen Wegen führt mich Saturn zum Erfolg?* Durch »falsche« Liebe, Liebeskummer und Alleinsein.

## *Saturn im Skorpion –* ÜBER DIE VERGÄNGLICHKEIT HERRSCHEN

**Saturnstärken** Tiefe, Zugehörigkeit, Willenskraft, Verbundenheit mit den Ahnen
**Saturnschwächen** Engstirnigkeit, Fanatismus

Saturn im Skorpion verweist auf tragische, leidvolle Erfahrungen. Könnte man sein Leben rückwärts ablaufen lassen, so würden rasch Szenen auftauchen, in denen man auf der Flucht, vertrieben, ohne Heimat, ohne Zugehörigkeit, ohne Familie ist. Auch bei den Ahnen, den Eltern, Großeltern und noch weiter zurück herrschen diese Themen vor. Man hat keine richtigen Wurzeln, kein Erbe, das man übernehmen, keine Fußstapfen, in die man treten kann. Wenn man zurückschaut, finden sich Leben ohne Glanz, ohne Würde, ohne Höhepunkte. Daher drängt einen Saturn mit aller Macht dazu, seinem Leben einen Wert zu verleihen. Denn das Gefühl, daß die eigenen Ahnen ein würdeloses Leben führen mußten, formt sich in den Seelen der Nachkommen zu einem großen, mächtigen Anspruch, es besser zu machen, den Gipfel zu ersteigen.
Saturn im Skorpion veranlaßt einen, die dünnen Fäden aus der Vergangenheit aufzuspüren und im Lauf des Lebens ein Netz daraus zu knüpfen – um so wieder einen Halt zu finden. In der Weise, wie man sich umdreht und vor der Vergangenheit verneigt, bekommt man eine Verbindung zu den Ahnen und der eigenen Vergangenheit und erhält Kraft und Wissen. Das ist der »Dank der Ahnen«. Weil man sich ihrer annimmt, erfährt man ihren Schutz, steht nie allein im Leben. Hinter einem steht die Kraft der Vergangenheit.

*Saturn-Check*
*Wo muß ich mich Saturn beugen?* Ich muß mich vor der Vergangenheit verneigen.
*Auf welchen Wegen führt mich Saturn zum Erfolg?* Durch hohe Ansprüche an mich selbst und mein Leben.

## *Saturn im Schützen –* ÜBER WAHRHEIT UND WISSEN HERRSCHEN

**Saturnstärken** Pioniergeist, Mut, Weisheit, Stärke, Wahrhaftigkeit
**Saturnschwächen** Dünkel, Zynismus, Grausamkeit

Saturn im Schützen bedeutet eine Reise zu sich selbst. Es ist, als würde dieser Planet zu einem sagen: »Such deinen eigenen Weg! Laß dich nicht von anderen beeinflussen. Hör nur auf dich ...!« Diese starke Hinwendung zu sich selbst und gleichzeitige Abkehr von anderen beruht auf einer Reihe großer Enttäuschungen in der Vergangenheit (der eigenen bzw. derjenigen der Ahnen), bei denen der Glaube an andere Menschen verlorenging: Vielleicht versagte ein Arzt, es unterlief ihm ein Fehler, oder er gab sich zuwenig Mühe. Vielleicht wurde man auch in seinem Glauben zutiefst erschüttert, weil »Gott« etwas Schreckliches zuließ, einem nicht beistand. Es gehört auch zur Vergangenheit von Menschen mit Saturn im Schützen, daß man – um zu überleben – seinem Glauben abschwören mußte. Jedenfalls bestand am Anfang eine große Hoffnung, die schließlich in eine große Enttäuschung mündete.
Mit Saturn im Schützen hat man einen Vertrauten an seiner Seite, einen, der hilft, derartige Enttäuschungen zu vermeiden. Mit diesem Saturn ist man von vornherein skeptisch. Man kommt bereits mit Mißtrauen auf die Welt, und im Lauf der Jahre gewöhnt man sich immer stärker daran, alles in Frage zu stellen. Man wird ein Mensch, der zwischen Illusion und Wahrheit genau unterscheiden kann. Man wird weise.

*Saturn-Check*
*Wo muß ich mich Saturn beugen?* Ich muß lernen, mir selbst immer mehr zu vertrauen.
*Auf welchen Wegen führt mich Saturn zum Erfolg?* Durch Enttäuschungen, Fehlschläge und Irrwege.

## *Saturn im Steinbock* – ÜBER SICH HERRSCHEN

**Saturnstärken** Klarheit, Standhaftigkeit, Verantwortlichkeit, Führungskompetenz, Selbstbeherrschung
**Saturnschwächen** Kälte, Rücksichtslosigkeit, Einsamkeit

Mit dieser Position besitzt man einen besonders mächtigen Saturn. Das beruht darauf, daß er der regierende Planet des Tierkreiszeichens Steinbock ist. Man sagt, er sei dort zu Hause und könne sich gut entfalten, seine Kraft verdoppelt sich im Steinbock. Auf der einen Seite führt das dazu, daß Sie kontinuierlich an einer Lebensaufgabe arbeiten. Sie lautet: etwas Großes im Leben vollbringen! Auf der anderen Seite führt diese doppelte Saturnkontrolle dazu, sich selbst zu mißtrauen: Sie haben Angst vor sich selbst, Ihren Gefühlen, Ihren Absichten, Ihrem Tun.
Diese Angst hat ihre Wurzeln in der Vergangenheit (in einem früheren Leben, im Leben Ihrer Ahnen), in der Sie bzw. Ihre Vorfahren ausgenutzt, manipuliert oder sogar mißbraucht wurden. Zu denken ist auch an Verführung oder gewalttätigen Mißbrauch von Kindern, wohl die verwerflichste Untat. Irgend etwas dieser Art ist geschehen, daß Sie sich heute nicht mehr selbst vertrauen. Für Sie sind Menschen gefährlich, unberechenbar, zu allem fähig.
In der Weise, wie Sie älter werden und sich selbst beweisen, daß das Leben, Sie, die anderen berechenbar sind, werden Sie neues Vertrauen schöpfen. Sie werden neue Gefühle entdecken, Gefühle, die weniger aus dem Bauch, sondern aus dem Herzen kommen. Sie können lieben und mit anderen Menschen zusammensein. Aber Sie können auch allein sein. Sie sind unabhängig, selbständig, und Ihr Leben wird getragen von Stimmigkeit und Zufriedenheit.

*Saturn-Check*
*Wo muß ich mich Saturn beugen?* Ich muß lernen, Herr meiner selbst zu sein.
*Auf welchen Wegen führt mich Saturn zum Erfolg?* Durch Angst, Vorsicht, Enttäuschung.

## *Saturn im Wassermann –* ÜBER DAS CHAOS HERRSCHEN

**Saturnstärken** Individualität, Erfindertum, Menschlichkeit
**Saturnschwächen** Chaotisch, verwirrt und verrückt sein, Hochstapelei

Menschen mit Saturn im Wassermann suchen etwas besonders Wertvolles im Leben, nämlich Individualität. Individualität ist kostbar. Zwar sagt man leicht dahin, jeder sei ein Individuum. Aber das ist hier nicht gemeint. Ein Individuum in diesem Sinne besitzt einen ganz eigenen Charakter, etwas völlig Besonderes und Einmaliges. Dadurch unterscheidet sich der einzelne von allen anderen Menschen, vergleichbar einem einzeln stehenden Baum in einer Landschaft.

Dieser Wunsch nach Individualität ist uralt. Sie tragen ihn schon lange (viele Leben, durch Generationen hindurch) mit sich herum. Sie sind aus der Gesellschaft ausgebrochen, haben Ihre Familie verlassen – immer auf der Suche nach Freiheit, nach Individualität. Sie haben Menschen mit anderem Glauben, aus anderen Ländern und aus anderen sozialen Schichten geliebt. Kinder kamen, noch bevor ein längeres Zusammenleben überhaupt zur Diskussion stand. Sie selbst entstammen letztendlich einer derartigen »Augenblicksverbindung«. Sie verdanken Ihr Leben einem »Zufall«, einer Laune des Lebens und der Spontaneität und Freiheit Ihrer Vergangenheit.

Aber Sie waren auch blind und unwissend und erlebten daher grandiose Irrungen und Verwirrungen. Sie erlitten die große Angst vor dem Chaos, vor einem Sein ohne Ordnung und Sicherheit. Sie wurden ausgestoßen und verbannt, verjagt und geächtet. – Jetzt begleitet Sie Saturn. Sie werden Ihr freies Leben fortführen und sich dabei immer sicherer am Chaos vorbeimanövrieren.

*Saturn-Check*

*Wo muß ich mich Saturn beugen?* Ich muß lernen, meine Individualität zu leben, ohne im Chaos unterzugehen.

*Auf welchen Wegen führt mich Saturn zum Erfolg?* Durch Reinfall, Bruchlandung und Fehlentscheidung.

## *Saturn in den Fischen –* SEIN MITGEFÜHL BEHERRSCHEN

**Saturnstärken** Toleranz, Opferbereitschaft, Weitblick, Visionen
**Saturnschwächen** Ich-Schwäche, Isolation, Selbstzweifel

Saturn in den Fischen bedeutet ein Geheimnis. Wie im Märchen wird Ihnen aufgetragen, sich auf eine Reise zu begeben. Wohin? Vielleicht zum Ende des goldenen Regenbogens. Oder ans Ende der Welt. Oder nirgendwohin. Mit Saturn in den Fischen ist einem zwar ein Geheimnis in die Wiege gelegt – aber mehr weiß man nicht. Das Geheimnis hat damit zu tun, daß in Ihrer Vergangenheit (in einem früheren Leben, in Ihrer Ahnenreihe) jemand verschwiegen wurde: ein Kind, eine andere Frau, der richtige Vater ... Dieses verleugnete, verschwiegene, verheimlichte Leben fehlt jetzt Ihrer Seele, und sie sucht danach, ohne daß Sie es selbst bewußt wahrnehmen.
In Ihrer Vergangenheit existieren solche Geschehnisse. Von daher haben Sie ein besonderes »Organ« für Unrecht und Lüge. Wo immer in dieser Welt Unrecht geschieht, leiden Sie mit. Jedes Leid zieht Sie regelrecht an. Aber das hat auch fatale Folgen für die Liebe. Sie neigen dazu, sich einen Partner zu suchen, der ganz besonders der Liebe bedarf, weil er unglücklich ist. Dann können Sie ihm – so glauben Sie zumindest – all das angedeihen lassen, was in der Vergangenheit nicht geschehen ist: grenzenlose Liebe. Sie nehmen ihn an. Sie sind für ihn da. Sie verstoßen ihn nicht.
Aber das ist der falsche Weg. Sie müssen mit der Vergangenheit fertig werden und sie nicht ständig vor sich hertragen. So wiederholen Sie Ihr Karma nur. Sie müssen nicht aufhören, andere zu lieben. Aber Sie dürfen das rechte Maß nicht aus dem Auge verlieren.

*Saturn-Check*
*Wo muß ich mich Saturn beugen?* Ich muß mich mit meiner Vergangenheit auseinandersetzen.
*Auf welchen Wegen führt mich Saturn zum Erfolg?* Durch Desillusionierung und Enttäuschung.

*Schon immer suchte der Mensch einen Halt bei den Sternen*

*Info:*

## IHR PROFESSIONELL ERRECHNETES HOROSKOP

Im Computerzeitalter ist es ein leichtes, die exakte Horoskopzeichnung eines Menschen in Sekundenschnelle anzufertigen, wenn man die dazu erforderlichen Daten (siehe unten) eingegeben hat. Es dauert auch nicht lange, bis der Rechner dann die entsprechenden Deutungen aus Textbausteinen zusammenstellt. Daher gibt es inzwischen zahlreiche Anbieter, bei denen Sie mehr oder weniger preisgünstig Horoskope mit und ohne Interpretation erhalten können.
Beim Verfasser dieses Buches kann man gegen Vorauszahlung von 20,– DM/10,– Euro (in bar oder als Scheck; ab 2002 bitte in Euro) ein Geburtshoroskop (nur Zeichnung) bestellen. Bitte Name, Adresse, Geburtstag, Geburtszeit (gegebenenfalls beim Standesamt des Geburtsortes erfragen) und Geburtsort (bei kleineren Orten auch zusätzlich die nächste größere Stadt) angeben.
Wenn Sie möchten, können Sie hier auch eine vom Computer erstellte Persönlichkeitsanalyse anfordern. Der Preis für die etwa zwanzig Seiten umfassende Interpretation beträgt 60,– DM/30,– Euro inklusive Horoskop.
Sie können ebenso eine vom Computer berechnete Jahresprognose bestellen. Die kleine Vorausschau (zirka 15 Seiten, nur langsam laufende Planeten) kostet 60,– DM/30,– Euro. Die große Vorausschau (etwa 50 Seiten mit Merkur, Venus und Mars) kostet 80,– DM/40,– Euro (bitte Zeitraum angeben).
Sie haben dann eine zuverlässige Vergleichsmöglichkeit und können Ihre ganz individuellen Prognosen mit Büchern wie diesem abstimmen.

**Die Adresse:**

*Erich Bauer*
*Postfach 22 11 15*

*80501 München*